Modelagem Conceitual e Ontologia

Uma introdução rigorosa sobre a Modelagem Conceitual dos primórdios da ciência até a ontologia computacional

José Palazzo Moreira de Oliveira

Revisado em September de 25

Prefácio

Este livro procura apresentar uma visão ampla do processo de representação da realidade em um modelo conceitual. A evolução da pesquisa nesta área foi dirigida para desenvolver um modelo e uma visão completa sobre o tema, desde a representação da realidade em modelos simples até a representação semântica da realidade por ontologias. Aqui o objetivo é consolidar este trabalho com a apresentação de uma visão abrangente da Modelagem Conceitual em um nível abstrato e rigoroso. Este trabalho oferece a base conceitual para o desenvolvimento de pesquisas multidimensionais em Sistemas de Informação e amplia a abrangência da Modelagem Conceitual de forma a que seja aplicado rigor no projeto e desenvolvimento de projetos suportando o pensamento crítico, o rigor formal e melhor conhecimento sobre a percepção e representação da realidade melhorando, assim, a sua correção e reprodutibilidade.

O desenvolvimento de modelos da realidade passa por várias etapas onde devemos considerar aspectos não apenas de Ciência da Computação, mas de Ciências Cognitivas como Filosofia, Psicologia, Linguística e Sociologia. Além disso, é necessário que se considerem aspectos éticos em todo o processo. Atualmente se verifica que há uma superposição importante entre as Ciências Cognitivas e a Modelagem Conceitual devido a ambas tratarem da representação da realidade em modelos da realidade que possam, por um lado, ser compreendidos por humanos e, por outro lado, ser processados computacionalmente.

Este texto está estruturado de forma a não exigir grande conhecimento prévio do leitor e inclui uma bibliografia abrangente para que os leitores possam aprofundar o estudo. O público visado são os alunos de um curso avançado de modelagem conceitual, o texto pode ser utilizado em um curso de graduação ou aprofundado com base na bibliografia para pós-graduação. Ao longo do texto estão incluídas *Leituras Recomendadas* com comentários para o aprofundamento do estudo.

Dentro desta orientação os objetivos específicos desta publicação são:

- Fornecer uma visão clara do processo de Modelagem Conceitual e Ontologia.
- Discutir a evolução e os diferentes modelos empregados na modelagem da realidade, suas vantagens e limitações.
- Deixar clara a evolução da Modelagem Conceitual para a inclusão de maior significado e possibilidade de manipulação e verificação automatizada do modelo.
- Incluir aspectos derivados das Ciências Cognitivas como Psicologia, Linguística e Filosofia que influem na Modelagem Conceitual.
- Estimular a aplicação de rigor formal no desenvolvimento da Modelagem Conceitual.
- Entender ontologias computacionais e adquirir a competência de desenvolve-las.

Porto Alegre, September de 2025

Sumário

Capítulo

1

Introdução

Este livro tem como propósito o desenvolvimento sistemático de um modelo e de uma visão abrangente e unificada sobre o tema da representação da realidade em Sistemas de Informação. Essa abordagem estende-se desde a formulação de modelos simples, que capturam abstrações elementares do mundo real, até a construção de representações semânticas mais sofisticadas e formais, materializadas por meio de ontologias. Tal percurso metodológico visa consolidar a área com a elaboração de uma visão ampla e consistente da Modelagem Conceitual, posicionada em um nível superior de abstração e revestida do rigor necessário ao avanço científico na área.

A presente obra propõe-se, assim, a estabelecer uma base conceitual sólida que sirva de alicerce para o desenvolvimento de pesquisas de caráter multidimensional no campo dos Sistemas de Informação. Ao ampliar os limites tradicionais da Modelagem Conceitual, o livro busca proporcionar instrumentos teóricos e metodológicos que permitam a aplicação de um rigor conceitual elevado tanto no projeto quanto no desenvolvimento de sistemas, favorecendo práticas fundamentadas no pensamento crítico, na precisão formal e em um conhecimento mais profundo acerca dos processos de percepção e representação da realidade.

Espera-se, com isso, não apenas aprimorar a qualidade dos modelos desenvolvidos, assegurando-lhes maior correção interna e validade externa, mas também fortalecer a sua capacidade de reprodutibilidade, um requisito fundamental para a consolidação do conhecimento científico na área. Ao contribuir para uma modelagem mais precisa e semanticamente rica, este livro pretende apoiar a evolução dos Sistemas de Informação rumo a soluções mais robustas, transparentes e alinhadas com as complexidades do mundo real.

A continuidade das atividades de pesquisa e desenvolvimento na área de Modelagem Conceitual é fundamental para avançarmos na compreensão e representação da realidade de forma precisa e reprodutível. A Filosofia da Ciência em Computação oferece uma base sólida para essa jornada, fornecendo os princípios e fundamentos necessários para a construção de modelos conceituais robustos e semânticos.

A Modelagem Conceitual evolui desde representações simples até modelos semânticos complexos, utilizando ontologias para representar a realidade de maneira mais abstrata e rigorosa. Essa evolução permite que os sistemas de informação sejam mais precisos, compreensíveis e reprodutíveis, aspectos essenciais para a confiabilidade e eficácia dos projetos desenvolvidos.

As ontologias, originadas na Filosofia, são empregadas na Ciência da Computação como modelos de dados que representam conceitos dentro de um domínio específico e os relacionamentos entre eles. Elas são fundamentais para a realização de inferências sobre os objetos do domínio, facilitando a integração e interoperabilidade entre sistemas distintos. Além disso, as ontologias oferecem uma base comum para a comunicação entre diferentes áreas do conhecimento, promovendo uma abordagem interdisciplinar na resolução de problemas complexos.

Atualmente se verifica que há uma superposição importante entre as Ciências Cognitivas e a Modelagem Conceitual devido a ambas tratarem com a representação da realidade em modelos da realidade que possam, por um lado, ser compreendidos por humanos e, por outro, processados computacionalmente

A reflexão aqui proposta, que enfatiza o desenvolvimento progressivo de modelos da realidade por meio da consideração integrada de aspectos provenientes não apenas da Ciência da Computação, mas também das Ciências Cognitivas — como a Filosofia, a Psicologia e a Ética —, pode ser compreendida como uma aplicação concreta dos princípios expostos por Thomas S. Kuhn em sua obra seminal A Estrutura das Revoluções Científicas (Kuhn, 2023 {1962}). Segundo Kuhn, o avanço do conhecimento científico não ocorre de forma linear e cumulativa, mas por meio de rupturas paradigmáticas que substituem concepções anteriores por novas formas de ver e representar o mundo.

No contexto da Modelagem Conceitual, observa-se precisamente esse movimento paradigmático. A transição de modelos estritamente formais e computacionais para modelos que incorporam dimensões semânticas, cognitivas e éticas representa uma mudança de paradigma na acepção kuhniana. Trata-se de uma substituição do entendimento restrito da modelagem como mera abstração técnica por uma visão mais ampla, que reconhece a modelagem como uma atividade intrinsecamente ligada aos processos humanos de percepção e representação da realidade. Essa mudança se assemelha ao que Kuhn descreveu como a emergência de uma nova matriz disciplinar, na qual as normas, os métodos e os problemas legítimos da ciência passam a ser redefinidos.

Ademais, Kuhn destaca que toda mudança paradigmática implica não apenas uma transformação nos modelos teóricos, mas também uma alteração nos critérios de validade e relevância científica. Ao enfatizar a necessidade de considerar aspectos éticos no processo de modelagem, a proposta aqui delineada amplia os critérios tradicionais de avaliação, introduzindo uma preocupação com as consequências sociais e morais das representações computacionais da realidade. Este movimento reflete uma ampliação do paradigma vigente, alinhada com o que Kuhn descreve como uma revolução científica: uma reconfiguração dos valores e dos compromissos fundamentais da comunidade científica.

Por fim, a constatação da superposição crescente entre as Ciências Cognitivas e a Modelagem Conceitual, em virtude de ambas tratarem da construção de modelos da realidade que sejam simultaneamente compreensíveis para humanos e processáveis por sistemas computacionais, ilustra o fenômeno kuhniano da interdisciplinaridade emergente, típico dos períodos de crise e transição paradigmática. Segundo Kuhn, tais períodos são marcados por um colapso das fronteiras disciplinares estabelecidas e pela necessidade de incorporar novos instrumentos conceituais e metodológicos para resolver as anomalias que o paradigma anterior não conseguia explicar. A proposta de pesquisa aqui formulada, ao integrar diferentes campos do saber e ao propor uma visão mais rica e ética da modelagem, manifesta, de forma exemplar, as dinâmicas das revoluções científicas que estruturam o progresso do conhecimento.

As suposições teóricas compartilhadas incluem as leis, princípios e modelos que servem de base para a investigação científica. Os métodos e técnicas referem-se aos procedimentos experimentais, instrumentos e abordagens matemáticas reconhecidos como legítimos pela comunidade científica. Por fim, os valores e critérios determinam as normas mediante as quais as soluções e teorias são avaliadas e aceitas.

Na modelagem conceitual, pode-se traçar um paralelo com a visão de Kuhn sobre o progresso científico. Durante longos períodos de "ciência normal", os profissionais seguem metodologias consolidadas, representando estruturas de dados e relações com base em paradigmas aceitos. Nesse estágio, o foco recai sobre o refinamento de práticas estabelecidas, sem contestar os pressupostos fundamentais. No entanto, quando as abordagens vigentes revelam limitações recorrentes, anomalias que desafiam sua capacidade de representar domínios complexos, pode emergir uma crise metodológica. Essa instabilidade pode levar à adoção de um novo paradigma de modelagem, não por simples evolução incremental, mas por uma ruptura conceitual que redefine os fundamentos da representação da informação.

Diante do percurso argumentativo delineado ao longo desta obra, torna-se evidente que a crise atualmente enfrentada no campo da Modelagem Conceitual não pode ser plenamente superada mediante abordagens restritas ao domínio técnico da Ciência da Computação. A emergência de anomalias, no sentido kuhniano, como a limitação dos modelos tradicionais em representar de forma adequada a complexidade da realidade social, cognitiva e cultural, exige a incorporação de novos instrumentos conceituais e metodológicos oriundos de outras áreas do conhecimento.

Nesse contexto, a integração das Ciências Sociais e da Semiótica apresenta-se como não apenas oportuna, mas essencial. As Ciências Sociais oferecem ferramentas analíticas fundamentais para a compreensão das dimensões normativas, culturais e institucionais que permeiam os sistemas de informação. Ao tratar das relações sociais, dos valores e dos contextos históricos em que esses sistemas se inserem, essas disciplinas contribuem para uma modelagem mais sensível à realidade humana e socialmente situada.

Por sua vez, a Semiologia, entendida como a ciência dos signos e dos processos de significação, permite uma compreensão mais apurada dos mecanismos de representação, interpretação e comunicação nos modelos conceituais. A modelagem, ao representar abstrações do mundo real, envolve necessariamente processos semióticos que requerem o domínio de estruturas simbólicas e de práticas interpretativas compartilhadas. Ao incorporar os aportes da Semiótica, a Modelagem Conceitual ganha em expressividade, ambiguidade controlada e coerência comunicativa, aspectos cruciais para sua eficácia em ambientes interdisciplinares e multiculturais.

Portanto, é preciso reconhecer que a modelagem da realidade, sobretudo em contextos computacionais, constitui uma atividade complexa e intrinsecamente multidimensional, que demanda a colaboração entre saberes distintos, mas complementares. A superação da crise paradigmática atual exige um reposicionamento epistemológico que ultrapasse o tecnicismo reducionista e acolha a riqueza interpretativa das Ciências Sociais e da Semiologia. Somente por meio dessa ampliação paradigmática, que reflete a reconfiguração profunda dos valores e compromissos da comunidade científica, será possível consolidar uma Modelagem Conceitual mais robusta, ética, reprodutível e, sobretudo, alinhada às demandas de uma sociedade plural, dinâmica e em constante transformação.

Leitura recomendada

Estudar as ideias de Thomas Kuhn é fundamental para compreender as transformações em curso na Modelagem Conceitual, pois sua noção de "ciência normal", crise e mudança de paradigma oferece um arcabouço teórico robusto para interpretar tais fenômenos. Assim como nas fases descritas por Kuhn, a Modelagem Conceitual passou longos períodos sob paradigmas consolidados, centrados no aperfeiçoamento incremental de técnicas e notações amplamente aceitas. Contudo, a emergência de anomalias, aqui entendidas como a incapacidade persistente dos modelos tradicionais de representar adequadamente a complexidade dos contextos sociais, cognitivos e culturais, sinaliza uma crise metodológica que ultrapassa questões puramente técnicas. Nesse cenário, a superação dessas limitações demanda não apenas ajustes internos, mas uma ruptura conceitual que incorpore referenciais interdisciplinares e novas bases epistemológicas, capazes de redefinir os fundamentos da representação da informação. Inicialmente é possível começar pela Wikipedia (Kuhn) para uma visão geral, neste tópico há uma resenha de seu livro _A Estrutura das Revoluções Científicas_ cujo livro (Kuhn, 2020) fornece o estudo completo de sua interpretação das mudanças radicais que ocorrem eventualmente na ciência.

Modelagem Conceitual

A modelagem conceitual é, basicamente, a forma como representamos uma visão do mundo real. O objetivo principal deste texto é aprofundar, detalhar e expandir essa ideia, criando um modelo conceitual que seja bem estruturado e com um nível de formalidade que permita seu uso em sistemas computacionais. Mas não é só sobre computadores. A modelagem vai além, considerando diferentes aspectos e perspectivas. Uma coisa importante que o texto destaca é que o sistema precisa "entender" o domínio em que vai atuar. E é aí que entra o papel do desenvolvedor: ele precisa capturar esse conhecimento sobre o domínio e representá-lo de maneira precisa, para que o computador consiga processá-lo de forma automática e eficiente. Ou seja, não basta só criar o sistema; é preciso garantir que ele tenha uma base sólida de informações sobre o contexto em que será utilizado.

No texto que se segue, enfatizo a importância de que o sistema seja dotado de um conhecimento aprofundado sobre o domínio em que está inserido. Esse requisito é fundamental para o desenvolvimento de soluções eficazes e alinhadas às necessidades específicas do contexto de aplicação. O objetivo central é investigar a natureza desse conhecimento, compreendendo os elementos que o compõem e os princípios que orientam sua estruturação.

Nesse contexto, cabe ao desenvolvedor a responsabilidade de adquirir, organizar e representar o conhecimento do domínio de maneira sistemática e precisa. Essa representação deve ser conduzida com rigor formal, de modo a assegurar que o sistema seja capaz de interpretar e processar as informações automaticamente. Assim, o conhecimento do domínio não apenas orienta o desenvolvimento do sistema, mas também é traduzido em uma forma que possibilite sua utilização direta por computadores, garantindo o alinhamento entre as especificidades do domínio e as capacidades computacionais.

> *Se um sistema de informação é capaz de executar ações úteis para pessoas trabalhando em um dado domínio é porque o sistema conhece sobre este domínio. Quanto mais conhecimento ele tem, mais útil ele pode ser para os usuários. Sem conhecimento o sistema é inútil. (Antoni, 2007)*

Na citação a seguir, do artigo *Comparing traditional conceptual Model with ontology-driven conceptual Model: An empirical study* (Verdonck, et al., 2019), os autores descrevem brevemente as técnicas e métodos de modelagem conceitual mostrando a possibilidade de suplantar as limitações dos métodos anteriores com o uso de ontologias.

Modelos conceituais foram introduzidos para aumentar a compreensão e comunicação de um sistema ou domínio entre as partes interessadas. Algumas técnicas e métodos de modelagem conceitual comumente usados incluem: Business Process Model and Notation (BPMN), Entity Relationship Model (ER), Object-role Model (ORM) e Unified Model Language (UML). Referimo-nos a essas técnicas e métodos como modelagem conceitual. Muitas dessas primeiras técnicas de modelagem conceitual, no entanto, careciam de uma especificação adequada da semântica da terminologia dos modelos subjacentes, levando a interpretações e uso do conhecimento inconsistentes. Para superar tais problemas, ontologias podem ser aplicadas.

A modelagem conceitual de sistemas de informação consiste no processo de representar a realidade ou um sistema por meio de símbolos, como diagramas, gráficos ou descrições textuais. Essa representação ajuda a compreender e comunicar os conceitos, elementos e suas relações em um domínio específico. Por exemplo, na modelagem conceitual de bancos de dados, pode-se usar diagramas de entidade-relacionamento (ER) para representar as entidades, seus atributos e as relações entre elas. Em engenharia de software, a modelagem conceitual pode incluir diagramas de classes para representar as classes, seus atributos e os relacionamentos entre elas. Todas estas modelagens partem da realidade e são descritas, em um primeiro momento, por descrições textuais.

A modelagem conceitual é uma etapa importante no desenvolvimento de sistemas, pois ajuda a estabelecer uma compreensão comum entre as partes interessadas e serve como base para a fase de projeto e implementação. Além disso, ela facilita a identificação de requisitos e a validação do sistema antes da fase de implementação. Os conceitos fundamentais em sistemas de informação podem ser organizados segundo os seguintes itens:

- **Objetos**: Estas são as entidades existentes, seus atributos e os relacionamentos entre elas. Eles caracterizam um estado específico do mundo. No modelo Entidade-Relacionamento, as entidades são representadas como tabelas, os atributos como colunas e os relacionamentos como conexões entre tabelas.

- **Eventos**: Eventos são ocorrências que alteram o estado do sistema. Eles são causados por operações, que possuem pré-condições e pós-condições definidas. Nos sistemas de informação, os eventos são cruciais para modelar processos e fluxos de trabalho.

- **Agentes**: Agentes são as entidades responsáveis por realizar operações e causar eventos. Eles agem para atingir objetivos específicos, que são novamente expressos em termos de fatos. Os agentes podem ser usuários humanos interagindo com um sistema ou processos automatizados.

Complementarmente as especificações de um sistema de informação estão estruturadas em três esquemas (A Semiotic Approach to Conceptual Modelling, 2014):

- **Esquema Estático**: apresenta as classes de fatos. Ele define as entidades, seus atributos e os relacionamentos entre elas. Isso é semelhante à estrutura estática de um sistema.

- **Esquema Dinâmico**: Este esquema introduz o conceito de eventos. Define como o estado do sistema muda ao longo do tempo devido à ocorrência de eventos. Envolve especificar as operações, suas pré-condições e pós-condições.

- **Esquema Comportamental**: apresenta os agentes e seus comportamentos. Ele define as funções, responsabilidades e objetivos dos agentes no sistema. Este esquema concentra-se nos aspectos dinâmicos do sistema.

Esta abordagem fornece uma estrutura abrangente para modelar e compreender sistemas de informação complexos. É amplamente utilizado em vários campos, entre eles projeto de banco de dados, engenharia de software e modelagem de processos de negócios. Separar objetos, eventos e agentes, auxilia na organização e análise dos diferentes componentes e suas interações dentro de um sistema.

A modelagem conceitual de sistemas de informação é uma representação abstrata da realidade e, como tal, é influenciada pelas perspectivas, crenças e valores dos modeladores envolvidos no processo. A forma como que os requisitos do sistema são entendidos e interpretados pode variar de acordo com a perspectiva de cada modelador. Suas experiências e conhecimentos prévios também influenciam a forma como eles definem os elementos e suas relações. Dependendo das crenças e valores dos modeladores, eles podem dar mais importância a certos aspectos da realidade em detrimento de outros. Por exemplo, alguns podem enfatizar a eficiência, enquanto outros podem priorizar a usabilidade. A escolha de quais símbolos e representações usar na modelagem também pode ser influenciada pelas preferências e familiaridades dos modeladores. Finalmente, aspectos culturais podem desempenhar um papel importante na forma como os sistemas de informação são conceituados e modelados.

Portanto, é importante reconhecer que a modelagem conceitual é uma atividade subjetiva e que a perspectiva dos modeladores pode impactar o resultado final. Por essa razão, é valioso envolver uma equipe diversificada no processo de modelagem para obter uma representação mais abrangente e precisa da realidade do sistema de informação. A descrição textual é uma forma fundamental de comunicação. Ela nos permite transmitir informações complexas, detalhadas e abstratas de maneira relativamente eficiente. Por exemplo, através da linguagem escrita, podemos descrever eventos históricos, conceitos científicos, obras de arte, experiências pessoais e muito mais. Qualquer modelo conceitual inicia por uma descrição verbal (textual) da realidade.

Dimensões da modelagem conceitual

A superposição entre Semântica, Semiótica (Treiblmaier, 2018) e Modelagem Conceitual existe devido a que estas áreas consideraram a representação da realidade em um modelo de conhecimento compreensível, rigoroso e que possa, para nós, ser processado computacionalmente. Este ponto sobre a representação do conhecimento foi já tratado em artigo seminal de Ira Goldstein e Seymour Papert (Goldstein, et al., 1977) onde mostram que a Inteligência Artificial (Insights for AI from the human mind, 2021) está, também, fortemente associada com o conhecimento que suporta o processo de compreensão. Isso complementa a necessidade de uma representação consistente e rigorosa da Realidade.

> *Este artigo estuda a relação da Inteligência Artificial com o estudo da linguagem e a representação do conhecimento subjacente que suporta o processo de compreensão. Desenvolve a visão de que a inteligência é baseada na capacidade de usar grandes quantidades de diversos tipos de conhecimento de maneira procedimental, e não na posse de alguns princípios gerais e uniformes.*

A modelagem da realidade, conforme já discutido, abrange aspectos que vão além do escopo tradicional da Ciência da Computação. Essa percepção é essencial para o desenvolvimento de representações computacionais que reflitam a complexidade do mundo real, passando por diferentes níveis de percepção e abstração.

O primeiro nível é a percepção da realidade pelo observador, que ocorre por meio de diversos canais, como visão, audição, leitura de textos ou realização de entrevistas. No entanto, um desafio central permanece em aberto: até que ponto essa percepção é influenciada pelas experiências prévias ou pelas crenças do indivíduo? Esse é um problema complexo que não pode ser tratado exclusivamente por meio da análise de modelos de representação, como UML, ER ou Ontologias.

Essa limitação evidencia a necessidade de uma abordagem multidisciplinar. Apenas integrando conhecimentos de diferentes áreas é possível lidar adequadamente com os fatores humanos, sociais e cognitivos envolvidos na percepção e na representação da realidade. Essa integração é essencial para construir modelos computacionais que sejam não apenas tecnicamente precisos, mas também representativos das múltiplas dimensões que compõem o mundo real.

Uma importante contribuição vem da Psicologia (Firestone, et al., 2016) pela análise sobre a cognição e a percepção onde os autores afirmam que cognição não afeta a percepção visual da realidade por parte do observador. Estes autores contestam outra corrente da psicologia que afirma que o conhecimento de uma realidade afeta a visualização da realidade. Esta discussão, partindo da psicologia, deixa claro que há um nível de percepção física e outro de interpretação desta visão.

Esta é uma primeira indicação de que a modelagem de sistemas não pode ser considerada como apenas a aplicação de regras mecânicas de representação da realidade. Bertrand Russel (Russel) escreveu:

> *Penso que deveríamos iniciar nossa jornada filosófica pela tentativa de compreender o conhecimento como parte da relação do homem com sua ambiência, esquecendo, por enquanto, as dúvidas fundamentais que estivemos a considerar. Talvez a ciência moderna nos capacite a ver problemas filosóficos sob uma nova luz. Nessa esperança, vamos examinar a relação do homem com o seu meio, com o intuito de chegar a uma visão científica do que constitui o conhecimento.*

O que é modelagem conceitual

Modelos conceituais são entendidos como estruturas formais ou informais que representam as construções mentais desenvolvidas por agentes cognitivos — sejam eles humanos ou sistemas artificiais — durante processos de raciocínio, compreensão e tomada de decisão. Estes modelos não correspondem diretamente ao mundo real ou a um domínio objetivo, mas sim à forma como percebemos, organizamos e damos significado a esse domínio. Em outras palavras, eles são representações da nossa concepção sobre um dado sistema ou fenômeno, e não meramente espelhos fiéis da realidade.

Essa distinção entre modelos do domínio e modelos de como concebemos o domínio possui implicações profundas. Primeiramente, ela evidencia que a natureza dos modelos conceituais é intrinsecamente subjetiva e situada: diferentes agentes podem construir modelos distintos para o mesmo domínio, dependendo de suas experiências, objetivos, conhecimentos prévios e contextos socioculturais. Isso confere aos modelos conceituais um caráter dinâmico e evolutivo, já que são constantemente ajustados e refinados à medida que os agentes interagem com novas informações e situações.

Em segundo lugar, essa perspectiva impõe desafios específicos às linguagens de modelagem conceitual, no que tange à sua expressividade. Tais linguagens devem ser suficientemente ricas para capturar não apenas entidades e relações objetivas do domínio, mas também os conceitos subjetivos, as abstrações e as inferências que os agentes utilizam na construção de sentido. Isso implica, por exemplo, a necessidade de representar categorias, hierarquias conceituais, papéis contextuais e até mesmo aspectos pragmáticos e ontológicos da realidade percebida.

Por fim, a distinção mencionada orienta os critérios que empregamos para classificar um modelo como conceitual, diferenciando-o de outros tipos de modelos, como os modelos matemáticos, físicos ou computacionais. Enquanto estes últimos buscam descrever ou simular propriedades e comportamentos observáveis do domínio de forma objetiva e quantificável, os modelos conceituais têm como foco a estruturação do entendimento e a comunicação entre agentes.

Essa diferenciação é particularmente relevante em áreas como a Engenharia de Software, a Ciência da Informação e a Inteligência Artificial, onde modelos conceituais desempenham papel central na análise de requisitos, no design de sistemas e na mediação entre usuários e desenvolvedores. Compreender que esses modelos são construções cognitivas e não meras descrições do real é, portanto, fundamental para aprimorar práticas de modelagem e promover soluções mais alinhadas às necessidades humanas.

A importância da formação

Um modelo, ao representar uma visão da realidade e não a realidade em si, demanda que o pesquisador seja capaz de transitar com competência por fundamentos da filosofia da ciência, da epistemologia, da semiótica e da teoria da representação, além de dominar as técnicas formais da computação.

Infelizmente, a pressão crescente por produtividade e resultados imediatos na pesquisa acadêmica tem favorecido uma formação excessivamente especializada e estreita. Os doutorandos são frequentemente treinados para resolver problemas pontuais dentro de um escopo técnico limitado, sem oportunidades adequadas para situar suas investigações em um contexto mais amplo, que considere os impactos sociais, epistemológicos e tecnológicos de suas propostas. Essa limitação compromete não apenas a qualidade da ciência produzida, mas também a capacidade dos futuros doutores de contribuir com soluções inovadoras e socialmente relevantes.

Portanto, a complexidade inerente à modelagem conceitual justifica uma profunda mudança na formação de doutores: é imperativo criar percursos formativos que valorizem a reflexão crítica, o diálogo interdisciplinar e a compreensão ampliada do papel do pesquisador como agente que não apenas modela, mas interpreta e transforma realidades. Para que a pesquisa científica cumpra sua função mais é necessário assegurar tempo, recursos e um ambiente formativo que estimule a construção de modelos conceituais sólidos, significativos e socialmente contextualizados.

Um artigo publicado na CACM, *Train PhD students to be thinkers not just specialists* (Bosh, 2018) salienta o problema de os estudantes de doutorado necessitarem retornar ao estudo dos aspectos mais abstratos e rigorosos da Ciência. No artigo é citada a atual situação em muitos cursos na área biomédica, mas a situação se aplica em todas as áreas de conhecimento:

> *Sob pressão para ter os membros dos laboratórios rapidamente produtivos, muitos programas de doutorado em ciências biomédicas encurtaram seus cursos, restringindo as oportunidades para colocar a pesquisa em um contexto mais amplo. Consequentemente, é improvável que a maioria dos currículos de doutorado nutra os grandes pensadores e solucionadores de problemas criativos de que a sociedade precisa.*

É verdade que a pressão por produtividade e publicações pode levar muitos programas de doutorado a encurtar seus cursos e a se concentrar apenas na pesquisa técnica. No entanto, isso pode ser contraproducente, pois restringe as oportunidades para colocar a pesquisa em um contexto mais amplo e pode limitar a capacidade dos alunos de desenvolver habilidades críticas de pensamento e resolução de problemas.

O mais interessante é que esta percepção está se desenvolvendo, já a algum tempo, a partir das áreas ligadas à saúde (Baldwin, 2014) (Bosh, 2018) (Johns Hopkins Bloomberg School of Public Health , 2018), isso caracteriza o fato de que a percepção da realidade ter profundas implicações nas consequências éticas e de responsabilidade humana dos doutorandos.

Os programas de doutorado devem procurar encontrar um equilíbrio entre a produção de pesquisas e a formação de estudantes que sejam capazes de pensar criticamente, comunicar efetivamente e solucionar problemas complexos. Isso pode incluir a inclusão de cursos em ciências sociais, ética e política científica, além de treinamento em comunicação e liderança.

É importante discutir a responsabilidade social dos cientistas e a ética na pesquisa científica. Isso envolve não apenas a conduta ética na pesquisa, mas também a consideração dos impactos sociais e ambientais de suas descobertas e como elas podem ser aplicadas para melhorar a vida das pessoas e proteger o meio ambiente.

Depois dessas considerações podemos identificar uma área essencial: enfrentar o problema de na formação de nossos pesquisadores com aspectos multidisciplinares mais rigorosos aplicados à Modelagem Conceitual. A representação da realidade apresenta desafios que vão muito além dos aspectos computacionais, um modelo representa uma visão da realidade. Embora a pressão para produzir resultados rapidamente possa ser compreensível, é importante lembrar que a pesquisa científica é um processo longo e complexo que requer tempo e recursos adequados. A falta de oportunidades para colocar a pesquisa em um contexto mais amplo pode levar a uma abordagem muito estreita e especializada, sem considerar os impactos e aplicações mais amplas do trabalho.

É mais um alerta de que devemos ampliar o campo de pesquisa da modelagem conceitual na Computação, pois aqui as implicações sociais e éticas são igualmente críticas na criação e impactos de modelos e sistemas computacionais (Brey, 2022).

Leitura recomendada

Diante da complexidade inerente à modelagem conceitual e da necessidade de formar pesquisadores capazes de interpretar e transformar realidades, recomenda-se que os participantes aprofundem sua compreensão por meio da leitura crítica dos artigos referenciados nesta seção, selecionando aqueles que dialogam mais diretamente com os interesses e discussões surgidos em aula. Essa prática não apenas favorecerá o domínio técnico e conceitual, mas também estimulará o diálogo interdisciplinar e a construção de perspectivas integradoras, ampliando a capacidade de elaborar modelos conceituais sólidos, significativos e socialmente contextualizados. Em particular recomendo o acesso à seção _Models in philosophy and Science_, na Wikipédia em inglês, para uma visão ampla de modelos de uma forma ampla e multidisciplinar.

A complexidade

Um problema que precisa ser considerado é a complexidade dos sistemas. O texto a seguir é uma versão resumida e adaptada do artigo "_Problem Complexity_" (Problem complexity, 1997). Ele destaca a dificuldade dos problemas complexos em termos de entendimento humano e solução, enfatizando o uso de ferramentas como estruturação, abstração e formalização para lidar com essa complexidade.

A complexidade de que estamos falando aqui é bastante informal e subjetiva – trata-se de quão difícil é um problema para nós entendermos e, por sua vez, quão difícil é resolvê-lo. Para lidar com a complexidade, nossas principais estratégias são decompor, abstrair e formalizar.

A primeira coisa que normalmente fazemos é dividir um problema grande e complicado em partes menores e gerenciáveis. Dessa forma, podemos analisar e trabalhar cada parte de forma independente. Tomemos como exemplo a fase de entrada de um compilador: em vez de tratá-la como um grande pedaço, dividimo-la em duas tarefas: um analisador léxico (que lida com m estados) e um analisador sintático (que lida com n estados). Ao fazer isso, reduzimos a complexidade geral de estados m x n para apenas estados m + n. Claro, isso só funciona se fizer sentido tratar ambos os componentes como conceitos separados e úteis para o problema que estamos resolvendo. Se a linguagem com a qual estamos trabalhando fosse projetada de forma que as regras lexicais dependessem da sintaxe, não seríamos capazes de dividir as coisas de forma tão clara.

Quando esse tipo de divisão funciona bem, nos ajuda em dois níveis: podemos entender melhor o problema e também podemos projetar uma solução mais limpa. Analisadores léxicos e sintáticos tornam-se subproblemas separados e nós os implementamos como partes distintas do compilador. No entanto, sempre precisamos juntar as peças de alguma forma. Às vezes é fácil, como chamar um procedimento. Outras vezes, é mais complicado, como coordenar eventos compartilhados na Comunicação de Processos Sequenciais (CSP) (Hoare, 1989) ou unir partes intimamente conectadas de uma solução. E é aí que as coisas ficam complicadas: escolher como dividir o problema torna-se menos útil se as partes forem muito difíceis de combinar posteriormente. Se uma estrutura escolhida funciona na fase de análise, mas não pode ser implementada de forma eficaz, acaba criando dores de cabeça desnecessárias

Agora vamos tratar da formalização. É fundamental ao lidar com a complexidade porque nos permite raciocinar com mais precisão. Se nos atermos a conceitos informais e confusos, simplesmente não poderemos confiar no nosso raciocínio. É por isso que precisamos formalizar partes do problema – mesmo que estejam enraizadas no "_mundo_ *real*". Isto é especialmente importante na engenharia de software porque, na maioria das vezes, os problemas com os quais lidamos são inerentemente informais e confusos.

Perceber que o problema está no ambiente, e não no sistema que estamos construindo, é fundamental para manter o foco no problema real, em vez de ir direto para a solução. O sistema – o que construímos – é a solução, não o problema em si. Um grande erro em muitos métodos de análise de problemas é procurar o problema dentro do sistema.

A Análise Estruturada, proposta por Tom DeMarco (DeMarco, 1978), é uma metodologia amplamente utilizada no desenvolvimento de sistemas de software, que se baseia na decomposição hierárquica e na representação gráfica dos fluxos de dados e processos. Um dos elementos centrais dessa abordagem é o Diagrama de Contexto, que representa o sistema em estudo (frequentemente referido como a "*máquina*") e suas interações com o ambiente externo (ou "*terminais*") por meio de fluxos de dados. Esse diagrama serve como ponto de partida para a modelagem do sistema, estabelecendo os limites entre o que é interno ao sistema e o que pertence ao seu entorno.

No entanto, uma crítica relevante a essa abordagem é que, após a criação do Diagrama de Contexto, o próximo passo lógico seria analisar e descrever detalhadamente os terminais – ou seja, as entidades externas ao sistema que interagem com ele, como usuários, outros sistemas ou dispositivos. Esses terminais representam as partes do mundo real que são relevantes para o funcionamento do sistema e que, portanto, devem ser compreendidas em profundidade para garantir que o sistema atenda adequadamente às necessidades do ambiente em que está inserido. Contudo, na prática, a Análise Estruturada frequentemente desvia o foco dessa análise do ambiente externo e passa diretamente para a decomposição do sistema em partes menores, seguindo uma abordagem clássica de cima para baixo (*top-down*).

Essa mudança de foco, embora útil para estruturar a solução técnica, pode ser problemática, pois ignora uma etapa crucial do processo de desenvolvimento: a compreensão do ambiente e do problema real que se pretende resolver. Ao não dedicar atenção suficiente aos terminais e ao contexto em que o sistema opera, corre-se o risco de desenvolver uma visão limitada e simplista do problema, o que pode levar a soluções inadequadas ou equivocadas. Em outras palavras, a decomposição prematura do sistema em subsistemas ou módulos pode resultar em uma solução que, embora bem estruturada internamente, não resolve efetivamente as necessidades reais do ambiente externo ou dos usuários finais.

Essa crítica ressalta a importância de equilibrar a análise do problema com a estruturação da solução. Enquanto a Análise Estruturada oferece ferramentas valiosas para organizar e modularizar sistemas, ela pode, em alguns casos, privilegiar a técnica em detrimento da compreensão profunda do problema. Portanto, é essencial que, antes de partir para a decomposição do sistema, os desenvolvedores dediquem tempo e esforço para entender o contexto externo, identificar as necessidades reais e validar se o sistema proposto está alinhado com os objetivos do projeto. Somente assim será possível evitar soluções tecnicamente bem elaboradas, mas funcionalmente inadequadas.

O método científico

É essencial que a modelagem da realidade siga o método científico. O método científico é um processo sistemático de investigação que envolve a observação, formulação de hipóteses, coleta de dados, análise e interpretação dos resultados, e conclusões baseadas nas evidências. A modelagem conceitual envolve a representação de fenômenos da realidade por meio de modelos matemáticos, computacionais ou outras abstrações, e esses modelos devem ser baseados em evidências empíricas. Uma referência ampla sobre o tema é o livro *The Oxford Handbook of Philosophy of Technology* (Vallor, 2022).

Ao seguir o método científico os modelos conceituais são criados com base em observações e dados empíricos em vez de conjecturas ou especulações. Isso ajuda a garantir que as representações da realidade sejam precisas e úteis para a solução de problemas e para o avanço do conhecimento científico. Além disso, o método científico ajuda a garantir que os modelos conceituais sejam testáveis e falsificáveis (Popper, 1934), permitindo que outros pesquisadores possam replicar e validar os resultados.

O Círculo de Viena, formado por filósofos e cientistas no início do século XX, estabeleceu princípios fundamentais para a filosofia da ciência, baseando-se no positivismo lógico. Entre esses princípios, destacava-se a necessidade de verificação empírica e o uso do método indutivo, ou seja, a obtenção de generalizações a partir de observações particulares. A proposta central era que apenas enunciados verificáveis empiricamente poderiam ser considerados significativos do ponto de vista científico, descartando como metafísicas as proposições não testáveis.

No entanto, Karl Popper criticou essa visão, argumentando que a verificação e a indução eram insuficientes para fundamentar o conhecimento científico. Ele propôs, em contraposição, o princípio da falseabilidade: uma teoria científica deve ser formulada de modo que possa ser testada e potencialmente refutada. O cientista, segundo Popper, não deve apenas buscar evidências que confirmem uma hipótese, mas, sobretudo, deve submetê-la a testes rigorosos que possam demonstrar sua falsidade. Se uma hipótese não resistir a esses testes, ela deve ser rejeitada; caso contrário, ela é corroborada, mas nunca definitivamente provada. Dessa forma, Popper rompeu com a visão indutivista e inaugurou uma abordagem crítica, enfatizando que o conhecimento científico é sempre provisório e sujeito a revisões contínuas.

O filósofo Thomas Kuhn (Kuhn, 2020) expandiu essa discussão ao introduzir o conceito de paradigmas científicos. Para Kuhn[1], a ciência não avança de maneira linear e cumulativa, mas sim por meio de mudanças paradigmáticas. Um paradigma é um conjunto

---

[1] Thomas Kuhn – físico, historiador e filósofo (1922-1996)

de crenças, métodos e práticas compartilhadas por uma comunidade científica em determinado momento. No curso normal da ciência, chamado de "ciência normal", os pesquisadores trabalham dentro do paradigma vigente, resolvendo problemas e aprofundando o conhecimento estabelecido. Entretanto, quando as anomalias se acumulam e o paradigma dominante não consegue mais explicar fenômenos observados, ocorre uma crise que leva a uma revolução científica. Nesse momento, um novo paradigma emerge e substitui o anterior, reconfigurando a compreensão da realidade.

Dessa maneira, o método científico não é um procedimento rígido e imutável, mas sim um processo dinâmico, marcado por sucessivos falseamentos e transformações paradigmáticas. A ciência evolui ao longo do tempo, não por uma acumulação linear de verdades absolutas, mas por um contínuo questionamento e reformulação das teorias, em um esforço incessante para compreender a realidade da forma mais precisa possível.

Modelos conceituais testáveis e falsificáveis são aqueles que são criados com base em hipóteses que podem ser testadas e verificadas empiricamente. Isso significa que o modelo é formulado de tal forma que permite que os pesquisadores realizem experimentos ou estudos que possam confirmar ou refutar as hipóteses subjacentes. Um modelo conceitual testável e falsificável permite que sejam feitas previsões precisas sobre os resultados de experimentos ou estudos futuros. Se as previsões feitas pelo modelo não se confirmarem com as observações experimentais ou com dados empíricos, isso significa que o modelo foi refutado e deve ser revisado ou abandonado. Por outro lado, se as previsões feitas pelo modelo se confirmarem com as observações experimentais ou com dados empíricos, isso significa que o modelo é válido e pode ser usado para fazer previsões em outras situações ou contextos.

> *O método científico refere-se a um conjunto de regras básicas dos procedimentos que produzem o conhecimento científico, quer um novo conhecimento, quer uma correção (evolução) ou um aumento na área de incidência de conhecimentos anteriormente existentes. Na maioria das disciplinas científicas consiste em juntar evidências empíricas verificáveis — baseadas na observação sistemática e controlada, geralmente resultantes de experiências ou pesquisa de campo — e analisá-las com o uso da lógica. Para muitos autores, o método científico nada mais é do que a lógica aplicada à ciência. Os métodos que fornecem as bases lógicas ao conhecimento científico são: método indutivo, método dedutivo, método hipotético-dedutivo, método dialético, método fenomenológico, etc. (Wikipédia)*

Hipóteses e teste de hipóteses

As ciências naturais e sociais são duas grandes áreas de conhecimento que se diferenciam principalmente pelos objetos de estudo e pelos métodos utilizados.

As ciências naturais têm como objeto de estudo os fenômenos da natureza, como a física, a química, a biologia, entre outras disciplinas. Essas ciências buscam explicar os fenômenos naturais de forma objetiva, utilizando o método hipotético-dedutivo, que consiste em formular hipóteses a partir de observações empíricas e testá-las por meio de experimentos controlados e observações sistemáticas.

Já as ciências sociais, também conhecidas como ciências humanas, têm como objeto de estudo a cultura, a sociedade e o comportamento humano, incluindo disciplinas como a antropologia, a sociologia, a psicologia, a história, entre outras. A principal diferença entre as ciências naturais e sociais é que as últimas estão preocupadas com fenômenos que são produzidos pelos próprios seres humanos, ou seja, fenômenos que não existiriam sem a existência dos próprios indivíduos que os produzem.

Por essa razão, as ciências sociais têm uma dimensão subjetiva muito mais forte do que as ciências naturais. Isso significa que, enquanto as ciências naturais podem ser mais facilmente quantificadas e objetivadas, as ciências culturais lidam com fenômenos que são construídos socialmente e, portanto, estão sujeitos a interpretações e análises subjetivas. Por exemplo, enquanto um fenômeno físico como a gravidade pode ser medido e quantificado com precisão, fenômenos culturais são altamente subjetivos e podem ser interpretados de maneiras diferentes por diferentes indivíduos ou culturas.

Essa subjetividade dos fenômenos culturais impacta diretamente o método hipotético-dedutivo. Enquanto nas ciências naturais o método hipotético-dedutivo é usado para testar hipóteses objetivas e empíricas, nas ciências culturais as hipóteses são frequentemente construídas a partir de teorias interpretativas e subjetivas. Isso significa que, nas ciências culturais, o método hipotético-dedutivo deve ser adaptado para lidar com a complexidade dos fenômenos culturais e as diferentes interpretações que podem surgir a partir deles.

Assim, as ciências sociais frequentemente utilizam métodos mais qualitativos, como a observação participante, a entrevista em profundidade, a análise de documentos, entre outros, para explorar e compreender os fenômenos culturais de maneira mais subjetiva e interpretativa. Além disso, as ciências culturais muitas vezes usam abordagens teóricas mais flexíveis e adaptáveis, que permitem incorporar múltiplas interpretações e perspectivas para compreender a complexidade da cultura e do comportamento humano.

Embora seja verdade que as ciências sociais e humanas geralmente utilizam métodos diferentes dos utilizados nas ciências naturais, isso não significa que as hipóteses não sejam formuladas e testadas nessas áreas de estudo.

Na verdade, a formulação e teste de hipóteses é uma parte importante do processo científico em todas as áreas de estudo, incluindo as ciências sociais e humanas. No entanto, é importante reconhecer que as hipóteses formuladas nas ciências sociais e humanas podem ser diferentes daquelas formuladas nas ciências naturais.

Por exemplo, enquanto nas ciências naturais as hipóteses são frequentemente formuladas com base em relações causais observadas entre variáveis mensuráveis, nas ciências sociais e humanas as hipóteses podem ser formuladas com base em teorias interpretativas que exploram a complexidade do comportamento humano e da cultura.

Além disso, as ciências sociais e humanas frequentemente utilizam métodos qualitativos, como a observação participante, entrevistas em profundidade, análise de documentos e outros, que permitem uma compreensão mais profunda e interpretativa do comportamento humano e da cultura. Citando John Stuart Mill (Mill, 2019 {1859}), p.71 podemos entender a importância do conceito de hipótese que pode ser testada e verificada, neste caso pelo raciocínio:

> *Em qualquer outro assunto, nenhuma opinião merece o nome de conhecimento, a não ser que a pessoa tenha percorrido, seja por imposição alheia ou própria, o mesmo processo mental que lhe seria exigido ao se envolver numa controvérsia ativa com adversários.*

Embora as ciências sociais e humanas possam utilizar métodos diferentes dos utilizados nas ciências naturais, a formulação e teste de hipóteses é uma parte importante do processo científico em todas as áreas de estudo. As hipóteses formuladas nessas áreas podem ser diferentes das hipóteses formuladas nas ciências naturais, mas ainda são fundamentais para o avanço do conhecimento em todas as áreas de estudo.

Método científico e filosofia

A credibilidade do conhecimento científico não deve ser analisada a partir de uma adesão filosófica específica, mas sim a partir do entendimento da ciência como um método. Embora certas afinidades apareçam com diferentes correntes filosóficas – racionalismo, empirismo, positivismo lógico, pragmatismo e determinismo –, nenhuma delas corresponde integralmente à posição do cientista.

O **racionalismo** destaca o papel da razão na busca pela verdade e permite compreender o uso rigoroso da lógica no raciocínio científico; no entanto, o cientista não se baseia exclusivamente na razão pura. O **empirismo** valoriza a experiência sensorial como fonte confiável de conhecimento e contribui para evidenciar a importância dos fatos observáveis; contudo, esses dados só adquirem sentido por meio da interpretação racional. O **positivismo** lógico propõe unificar os ramos da ciência por meio da análise lógica e da busca de precisão metodológica, fundada em evidências empíricas, embora suas posturas restritivas originais tenham sido, em grande parte, abandonadas. O **pragmatismo**, centrado no valor utilitário das ideias, está parcialmente presente na prática científica, mas não pode fundamentá-la, uma vez que grande parte do conhecimento científico é abstrato e teoricamente orientado, sem aplicação imediata. Por fim, o **determinismo** aparece na ciência como um postulado metodológico utilizado na análise da causalidade, distinto do fatalismo, já que a ciência pressupõe regularidades naturais, e não inevitabilidades absolutas.

O Desenvolvimento da racionalidade

O desenvolvimento desta percepção foi um longo processo que teve o início na Grécia antiga. Com o emprego sistemático destes elementos foi alavancada a transição entre as crenças e o conhecimento científico (Figura 1). De fato, o emprego sistemático da axiomatização, a lógica, a argumentação racional da Grécia antiga e a filosofia jônica foram elementos importantes que contribuíram para a transição entre as crenças e o conhecimento científico na história da humanidade.

Todas essas contribuições foram fundamentais para a transição entre as crenças e o conhecimento científico na história da humanidade e pavimentaram o caminho para a Idade Moderna, em que a ciência e a tecnologia se tornaram forças dominantes na sociedade. O trabalho que desenvolvemos em Modelagem Conceitual é uma consequência desta transição entre as crenças e o método científico.

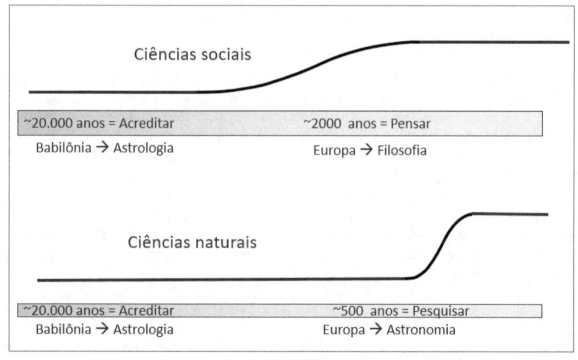

Figura 1: O método científico

Para ilustrar esta transição apresento a seguir dois casos representando as formas medievais de estudo e a transição, simbolizada por um dos gênios que caracteriza o início dos tempos modernos, para nosso ambiente de trabalho, ensino e pesquisa formalmente rigorosos.

Durante o período medieval o conhecimento era ensinado pela leitura dos textos antigos. Um exemplo foi o autor Olaus Magnus[2] em eu livro *Historia de Gentibus Setentrionalis* (1555) onde registra a história dos povos nórdicos citando, essencialmente, autores antigos, Tacitus[3] & Jordanis[4], sem criticar ou analisar os seus trabalhos. Um exemplo da mudança é Andreas Vasilus[5] no *De Humani Corporis Fabrica* (1543) um atlas de anatomia. Neste livro chega a refutar diversas teorias sobre o corpo humano, anteriormente propostas por Claudius Galenus, estas teorias eram consideradas corretas e foram aceitas como verdadeiras por um milênio.

Nicolau Copérnico[6] (1473 - 1543) foi um astrônomo e matemático polonês que desenvolveu a teoria heliocêntrica do Sistema Solar. Sua teoria do Heliocentrismo, que colocou o Sol como o centro do Sistema Solar, contrariando a então vigente Teoria Geocêntrica (que considerava a Terra como o centro), é considerada como uma das mais importantes hipóteses científicas de todos os tempos, tendo constituído o ponto de partida da astronomia baseada em dados experimentais!

O método científico é uma abordagem sistemática e organizada para investigar e entender o mundo natural. Ele é usado por cientistas de todas as áreas para estudar e explicar fenômenos naturais, e é baseado em um processo de tentativa e erro, em que ideias são formuladas, testadas e ajustadas com base em evidências empíricas.

O método científico começa com a formulação de uma hipótese, que é uma explicação possível para um fenômeno natural. A hipótese deve ser testável, o que significa que deve ser possível realizar um experimento para verificar se ela é verdadeira ou falsa. A partir da hipótese, é elaborado um plano de experimento, que envolve a identificação das variáveis a serem testadas, a escolha de um método de coleta de dados, e a determinação da forma como os dados serão analisados.

Após a realização do experimento, os dados são coletados e analisados para determinar se a hipótese foi confirmada ou refutada. Se a hipótese foi confirmada, ela pode ser usada para fazer previsões sobre outros fenômenos relacionados, e pode ser usada como base para futuras pesquisas. Se a hipótese foi refutada, outras hipóteses devem ser formuladas e testadas.

---

[2] Olaus Magnus (Linköping, Suécia, 1490 — Roma, 1557), ou Magn,i cartógrafo, escritor e eclesiástico sueco, pioneiro no desenvolvimento de trabalhos sobre a Suécia e os países nórdicos.

[3] Tacitus, (c.55 — 120) historiador romano.

[4] Jordanis (século VI) funcionário e historiador em Constantinopla

[5] Andreas Vesalius (Bruxelas, 1514 — Zacinto, 1564) médico belga, considerado o "pai da anatomia moderna".

[6] Nicolau Copérnico (Toruń, 1473 — Frauenburgo, 1543) astrônomo e matemático polonês que desenvolveu a teoria heliocêntrica do Sistema Solar.

A interpretação dos resultados é uma etapa importante do método científico, pois permite aos cientistas avaliar o significado e as implicações de seus resultados. Os resultados podem ser apresentados em forma de gráficos, tabelas ou outros formatos, e devem ser analisados cuidadosamente para determinar o que eles realmente significam. A interpretação dos resultados pode levar a novas hipóteses ou a ajustes na hipótese original.

Ao desenvolver modelos de sistemas de informação, é essencial que se utilize o método científico como base para a criação desses modelos. Isso é especialmente importante quando se trata de ontologias, que são modelos conceituais que buscam representar um conjunto de conceitos e suas relações em um alto nível de significado para um domínio específico. Um dos principais benefícios de se utilizar o método científico no desenvolvimento de ontologias é que ele ajuda a garantir a sua validade e confiabilidade. Isso porque, ao seguir esse processo, é possível identificar e corrigir possíveis erros ou limitações na ontologia, além de verificar se ela realmente representa com precisão o domínio em questão. Ao aplicar esse método no desenvolvimento de modelos de sistemas de informação, os pesquisadores podem garantir que seus modelos sejam construídos com rigor científico e baseados em evidências empíricas. Além disso, o método científico também pode ajudar a orientar a escolha das técnicas e ferramentas utilizadas no desenvolvimento do modelo. Por exemplo, ele pode auxiliar na seleção das melhores fontes de dados bem como na escolha dos algoritmos mais adequados para a análise e processamento desses dados.

Por fim, é importante destacar que o uso do método científico não é uma garantia de sucesso no desenvolvimento de modelos de sistemas de informação. No entanto, ele certamente pode ajudar a minimizar os riscos e aumentar a qualidade do trabalho realizado, além de contribuir para a produção de resultados mais robustos e confiáveis. Concluo com esta citação de Popper[7] (Popper, 1934) p. 129.

---

[7] Karl Raimund Popper (Viena, — Londres, 1994) foi um filósofo liberal e professor austro-britânico.

Um dos ingredientes mais importantes da civilização ocidental é o que poderia chamar de "tradição racionalista" que herdamos dos gregos: a tradição do livre debate, não na discussão por si mesma, mas na busca da verdade. A ciência e a filosofia helênicas foram produtos dessa tradição, do esforço para compreender o mundo em que vivemos; e a tradição estabelecida por Galileu correspondeu ao seu renascimento. Dentro dessa tradição racionalista, a ciência é estimada, reconhecidamente, pelas suas realizações práticas, mais ainda, porém, pelo conteúdo informativo e a capacidade de livrar nossas mentes de velhas crenças e preconceitos, velhas certezas, oferecendo-nos em seu lugar novas conjecturas e hipóteses ousadas. A ciência é valorizada pela influência liberalizadora que exerce – uma das forças mais poderosas que contribuiu para a liberdade humana.

Dados científicos

Por 1600, Kepler[8] e outros pesquisadores começaram a realizar medidas sistemáticas de objetos astronômicos. Estas medidas tinham por objetivo descobrir regularidades nos movimentos aparentes destes objetos. A partir deste período o uso científico de dados se expandiu. O conceito de medida é muito antigo e corresponde à comparação de uma quantidade em relação a um padrão. Por exemplo, dizer que compramos um quilo de açúcar significa que esta quantidade foi comparada com uma referência e tem uma massa de um quilo.

O conceito de medida é muito antigo e remonta aos primórdios da civilização humana. A medida envolve a determinação e comparação de quantidades e propriedades físicas, permitindo-nos entender e descrever o mundo ao nosso redor de forma mais precisa e sistemática.

Desde os primeiros registros históricos, as pessoas têm usado medidas para diversos fins, como o comércio, a construção de estruturas, a agricultura e a ciência. As primeiras formas de medidas eram baseadas em referências naturais, como o comprimento de um braço ou o peso de uma pedra específica. Com o tempo, foram desenvolvidos sistemas de medidas mais padronizados e consistentes, como o sistema métrico, o sistema imperial e outros sistemas regionais.

O conceito de medida é fundamental para o desenvolvimento da ciência e da tecnologia. Através das medidas, podemos obter dados quantitativos, realizar experimentos, formular teorias e realizar descobertas importantes em diversas áreas do conhecimento. A medida permite a comparação de grandezas, a estabelecimento de relações de causa e efeito e a obtenção de resultados confiáveis.

---

[8] Johannes Kepler (Weil der Stadt, 1571 — Ratisbona, 1630) foi um astrônomo e matemático alemão. É célebre por ter formulado as três leis fundamentais da mecânica celeste.

Hoje em dia, vivemos em uma sociedade altamente orientada por medidas, em que a precisão e a consistência são valorizadas em várias áreas, desde a indústria e o comércio até a pesquisa científica.

Dados, Informação e Conhecimento

A palavra **dados** vem do latim *datum* isto é algo oferecido, dado. Esta é a significação de dados: algo que está disponível que foi oferecido. Os dados, em sua essência, constituem o material bruto da construção do conhecimento. Embora sejam essenciais como ponto de partida, seu valor intrínseco é limitado, se considerados isoladamente. Essa limitação pode ser comparada à exportação de minério de ferro: o minério é um recurso valioso, mas seu potencial econômico e utilitário cresce exponencialmente quando transformado em aço de alta qualidade. O aço, com seu valor agregado, pode ser aplicado em diversas indústrias e contextos, ilustrando o impacto da transformação de materiais brutos em produtos sofisticados.

De forma análoga, no campo da ciência de dados e da informática, agregar valor aos dados por meio de sua interpretação é essencial para que eles possam informar decisões, gerar conhecimento e guiar ações. No contexto computacional, dados são geralmente representados como valores binários, que podem ser números, cadeias de caracteres, imagens ou outros formatos, mas que, em si mesmos, não possuem significados explícitos. Eles são gerados a partir de processos de captura automática, como sensores e dispositivos eletrônicos, ou de codificação manual realizada por pessoas.

Embora os dados representem aspectos da realidade, é importante compreender que eles são desprovidos de significado intrínseco. O significado emerge do contexto no qual os dados são interpretados, das conexões que se estabelecem entre diferentes conjuntos de dados e da aplicação de análises que extraem informações relevantes. Esse processo de agregar valor aos dados pode ser entendido como a transformação de um recurso bruto em uma forma refinada e aplicável, o que potencializa seu impacto e utilidade em diversas áreas do conhecimento e da prática profissional.

Portanto, o papel da interpretação e da análise de dados é central para a geração de informações e insights, transformando um elemento bruto e inerte em uma ferramenta poderosa para inovação e tomada de decisões.

Figura 2: Os três níveis

O exemplo do número 220, Figura 2, ilustra de forma concreta a natureza dos dados em sua forma bruta: eles não possuem significado intrínseco ou conexão explícita com a realidade até que sejam interpretados em um contexto específico. O número 220 é apenas uma representação simbólica, uma sequência de dígitos que, isoladamente, não comunica qualquer informação relevante sobre a grandeza ou fenômeno que possa estar associado a ele. Essa falta de contexto é característica dos dados em sua forma primária e reforça a ideia de que, para agregar valor, é necessário um processo de interpretação, análise e contextualização.

No campo da ciência da informação e da informática, esse exemplo ilustra a distinção fundamental entre dados e informação. Dados, como o número 220, são elementos descritivos que carecem de sentido até que sejam organizados, relacionados ou processados. A informação, por sua vez, emerge quando os dados são interpretados e integrados em um contexto significativo. Por exemplo, ao se afirmar que o número 220 se refere a "*volts*", ele passa a representar uma grandeza física associada à tensão elétrica. Nesse caso, o dado se transforma em informação ao adquirir um significado contextual que pode ser compreendido e utilizado.

Em resumo, o número 220 é um exemplo emblemático da natureza bruta dos dados. Isoladamente, ele não comunica informação, pois carece de contexto. Sua transformação em informação depende de processos interpretativos, da adição de metadados e da integração em um sistema de análise que permita identificar o seu significado real. Esse entendimento reforça a importância de interpretar dados para gerar conhecimento e, consequentemente, agregar valor em qualquer área de aplicação.

A distinção entre dados e informação é fundamental. Dados são elementos descritivos não interpretados, que podem ser armazenados, transferidos e processados, mas que, isolados, são incapazes de transmitir conhecimento. A informação, por sua vez, resulta da interpretação desses dados, na medida em que são organizados e dotados de contexto e significado. Esse processo de transformação envolve, geralmente, a contextualização, relacionando os dados a um domínio ou realidade específica; a interpretação, atribuindo um significado com base em regras, convenções ou conhecimento prévio; e a aplicabilidade, utilizando a informação gerada para apoiar decisões, resolver problemas ou produzir novos conhecimentos. Por exemplo, em um sistema elétrico, "*220 volts*" não é apenas uma representação numérica, mas uma informação que descreve a tensão elétrica, possibilitando ações concretas, como o uso de equipamentos compatíveis ou o cálculo de consumo energético.

No último nível, o conhecimento, ocorre a compreensão plena do significado da informação e a capacidade de utilizá-la para algum uso específico. Enquanto a informação representa dados interpretados e contextualizados, o conhecimento surge quando essa informação é assimilada, processada e internalizada, permitindo que ela seja aplicada de forma prática e estratégica. Diferente dos níveis anteriores, o conhecimento envolve um entendimento mais profundo e a conexão com experiências, conceitos e habilidades que tornam possível resolver problemas, tomar decisões e agir de forma adequada diante de situações concretas.

No exemplo mencionado, o número 220 volts, quando contextualizado como uma grandeza elétrica, transforma-se em informação. No entanto, é o conhecimento que permite compreender as implicações práticas e os riscos associados a essa tensão elétrica. O conhecimento advindo dessa informação inclui a compreensão de que 220 volts representam um nível de tensão perigoso para o ser humano e que, portanto, devem ser tomadas medidas específicas para garantir a segurança ao lidar com fios e dispositivos sob essa tensão. Entre essas medidas estão a utilização de ferramentas com isolamento elétrico adequado, o uso de equipamentos de proteção individual (EPIs) e a adoção de práticas seguras para evitar choques elétricos. Assim, o conhecimento vai além da simples interpretação do valor numérico e de sua grandeza física, incorporando um entendimento que pode guiar ações específicas e seguras.

Esse processo reflete a hierarquia entre dados, informação e conhecimento. Enquanto os dados são apenas representações simbólicas, a informação resulta de sua interpretação em um contexto específico. O conhecimento, por sua vez, é o estágio mais avançado, no qual a informação é absorvida, integrada a saberes prévios e aplicada de maneira funcional. Essa evolução é fundamental em áreas como ciência, tecnologia e educação, pois demonstra como os níveis de abstração se interconectam para produzir valor e gerar impacto no mundo real.

Além disso, o conhecimento é dinâmico e situacional, ou seja, pode evoluir e se adaptar a novos contextos e desafios. No exemplo de 220 volts, o conhecimento associado à tensão elétrica pode ser ampliado para englobar outros aspectos, como o cálculo de resistência elétrica, o impacto da corrente sobre o corpo humano ou as normas técnicas de segurança em instalações elétricas. Esse processo de aprofundamento ilustra como o conhecimento se baseia em camadas progressivas de compreensão, que partem de dados brutos e passam pela informação até culminar em uma aplicação prática e fundamentada.

Por exemplo, um conjunto de dados pode incluir leituras de temperatura em um local ao longo de vários anos. Sem qualquer contexto adicional, essas temperaturas não têm significado. No entanto, quando você analisa e organiza essas informações, pode determinar padrões sazonais de temperatura ou até mesmo tendências climáticas mais amplas. Somente quando os dados são organizados e compilados de maneira útil, eles podem fornecer informações úteis. O processo de análise é essencialmente um processo cognitivo sujeito, portanto, a variações.

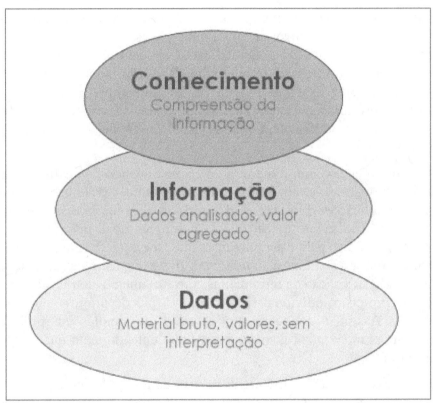

Figura 3: A hierarquia

Estes três níveis podem ser representados em uma hierarquia, Figura 3, onde a base são os dados brutos, seguidos da associação destes dados com conceitos e finalmente o conhecimento que permite entender a realidade a agir adequadamente. Realmente estamos tratando da compreensão do mundo real e da sua abstração em um modelo de compreensão. O fato de pessoas diferentes perceberem a realidade de forma diferente gera dúvidas sobre nossa capacidade de conhecer a realidade. E se estivéssemos errados em relação à muitas coisas que sabemos por termos visto ou estudado? A percepção é sempre uma fonte de conhecimento apropriada ou por vezes ela pode nos enganar?

O conhecimento

Em síntese, o conhecimento representa o nível mais elevado da transformação dos dados e da informação. É nele que a compreensão do significado se alia à capacidade de aplicação em contextos reais, possibilitando ações conscientes e eficazes. No caso de 220 volts, o conhecimento não apenas esclarece o significado da tensão elétrica, mas também orienta comportamentos seguros e decisões técnicas necessárias para evitar acidentes e preservar a integridade física. Esse exemplo reforça o papel central do conhecimento na resolução de problemas e na geração de valor em diferentes áreas do saber e da prática profissional.

Os processos cognitivos são as funções mentais responsáveis por adquirir, organizar, armazenar, compreender, transformar e usar o conhecimento. Eles estão por trás de tudo o que fazemos quando pensamos, aprendemos ou resolvemos problemas. Entre os principais exemplos desses processos estão a atenção, a percepção, a memória, o raciocínio, a linguagem, a tomada de decisão e a resolução de problemas. Todos esses elementos trabalham juntos para nos permitir compreender o mundo ao nosso redor, lembrar de informações importantes, resolver situações do dia a dia e tomar decisões fundamentadas.

Para entender como esses processos funcionam, os estudiosos da mente humana desenvolveram diversas teorias. Uma das mais conhecidas é a do processamento serial, que sugere que nosso cérebro executa uma tarefa de cada vez, em sequência. Já a teoria do processamento paralelo propõe que várias tarefas podem ser realizadas ao mesmo tempo, como quando ouvimos música enquanto lemos. Há ainda modelos que combinam as duas abordagens, defendendo que os processos cognitivos podem ser tanto seriais quanto paralelos, dependendo do tipo de tarefa e da complexidade do que estamos fazendo.

Essas ideias fazem parte de um campo chamado ciência cognitiva, que reúne conhecimentos da psicologia, da neurociência, da linguística, da filosofia e da computação, entre outras áreas. O objetivo é entender como a mente humana funciona — não só quando está saudável, mas também quando apresenta dificuldades, como nos casos de transtornos neurológicos ou de aprendizagem. Com esse conhecimento, é possível melhorar métodos de ensino, criar tecnologias mais intuitivas e até desenvolver máquinas que imitam certos aspectos do pensamento humano.

Por isso, o termo *"processo cognitivo"* é muitas vezes usado como sinônimo de *"processo mental"*, pois ambos se referem às atividades internas que ocorrem em nossa mente quando pensamos, sentimos, decidimos ou lembramos de algo. Compreender esses processos nos ajuda a entender melhor como aprendemos, como nos comunicamos e como enfrentamos os desafios do cotidiano.

Schopenhauer[9] (Schopenhauer, 2017) indica claramente que o problema da percepção da realidade é filosoficamente complexo. A percepção e a posterior modelagem

---

[9] Arthur Schopenhauer (Danzig, 1788 — Frankfurt, 1860) foi um filósofo alemão do século XIX.

da realidade é uma tarefa complexa e, de nenhuma forma, um procedimento tecnológico. Aqui encontramos a necessidade da participação das Ciências Cognitivas como Psicologia e Filosofia servindo de balizadoras do processo de Modelagem Conceitual.

> *"Você já reparou como pessoas diferentes, diante de uma mesma situação, podem enxergar ou destacar aspectos totalmente distintos? Já ocorreu de você compreender um fato, uma ideia, uma afirmação de maneira totalmente distinta de alguém que presenciou o mesmo fato, ideia ou afirmação juntamente com você?"*

Notem que para a passagem do nível de dados para informação é preciso realizar a análise destes dados para termos um valor agregado. A informação é o resultado da análise e interpretação dos dados. Os dados são os itens individuais, números ou gráficos, a informação é o significado desses elementos. Por exemplo, um conjunto de dados pode incluir leituras de temperatura em um local ao longo de vários anos. Quando você analisa e organiza essas informações, pode determinar padrões sazonais de temperatura ou até mesmo tendências climáticas mais amplas. Somente quando os dados são organizados e compilados de maneira útil, eles podem fornecer informações úteis. O processo de análise é essencialmente um processo cognitivo[10] sujeito, portanto, a variações de interpretação.

A percepção humana é um processo complexo que envolve a integração de informações sensoriais, cognitivas e culturais. As pessoas são influenciadas por suas experiências passadas, expectativas, crenças e valores culturais, o que pode levar a diferentes interpretações de uma mesma situação.

A percepção sensorial refere-se à capacidade dos indivíduos de processar informações sensoriais, como visão, audição, tato, olfato e paladar. Essa capacidade varia de pessoa para pessoa, e as diferenças na percepção sensorial podem levar a diferentes interpretações de um estímulo.

Além disso, a percepção cultural também desempenha um papel importante na forma como as pessoas interpretam e compreendem o mundo ao seu redor. As experiências culturais e sociais moldam as crenças e valores de uma pessoa, influenciando sua percepção e interpretação de eventos e situações.

Outro fator que contribui para a diferença na percepção é a capacidade cognitiva. Algumas pessoas são capazes de processar e analisar informações mais rapidamente do que outras pessoas o que pode levar a diferentes interpretações de uma situação.

---

[10] Processo Cognitivo é qualquer uma das funções mentais consideradas envolvidas na aquisição, armazenamento, interpretação, manipulação, transformação e uso do conhecimento. Esses processos abrangem atividades como atenção, percepção, aprendizado e solução de problemas e são comumente compreendidos por meio de várias teorias básicas, incluindo a abordagem de processamento serial, a abordagem de processamento paralelo e uma teoria da combinação, que assume que os processos cognitivos são seriais e paralelos, dependendo das exigências da tarefa. Este termo é frequentemente usado como sinônimo de processo mental (American Psycological Association).

Por fim, as expectativas também desempenham um papel importante na percepção humana. As pessoas tendem a ver o que esperam ver, e isso pode levar a diferentes interpretações de um evento. Portanto, é importante reconhecer essas diferenças na percepção ao interagir com outras pessoas e em situações que envolvem a comunicação e a interpretação de eventos.

Um exemplo da dificuldade em entender e representar a realidade são os termos *"estrela matutina"* e *"estrela vespertina"*, utilizados para se referir ao planeta Vênus em diferentes momentos do dia. Embora ambos os termos se refiram ao mesmo objeto celeste, eles criam conceitos ou interpretantes diferentes na mente do ouvinte, dependendo do contexto temporal da observação.

A estrela matutina é o termo usado para descrever o aparecimento de Vênus no céu antes do amanhecer. Nesse momento, Vênus é visível logo antes do nascer do sol. Já a estrela vespertina é o termo utilizado para descrever o aparecimento de Vênus no céu, após o pôr do sol.

Esses termos foram cunhados historicamente quando as pessoas não tinham conhecimento de que a estrela matutina e a estrela vespertina eram, na verdade, o mesmo planeta. Por causa da órbita de Vênus ao redor do Sol e da posição relativa da Terra, Vênus pode ser visto tanto antes do amanhecer quanto após o pôr do sol, dependendo da época do ano.

Portanto, embora ambos os termos se refiram ao mesmo objeto celeste, eles criam conceitos distintos na mente do ouvinte, relacionados à percepção do momento específico em que o planeta Vênus é observado no céu. Essa diferença na percepção pode ser atribuída a uma base de tempo diferente, mas ambos os conceitos se referem ao mesmo planeta.

Definição de conhecimento

A definição de *conhecimento* é complexa. A primeira forma de conhecimento é aquela que chamamos de proposicional. O conhecimento proposicional é o conhecimento de que algum objeto específico possui certas propriedades. Pode-se caracterizá-lo como um conhecimento direto, uma proposição a respeito de algo. Este conhecimento pode ser expresso em ema sentença seguindo a palavra *que*: *"Eu sei que..."*. Para obtermos este conhecimento basta simplesmente a leitura de um texto, o entendimento de um livro. No exemplo acima caso a pessoa tenha lido o aviso que 220 volts é uma tensão perigosa para que possa afirmar: *"Eu sei que uma tomada de 220 volts é perigosa para um choque elétrico"*. O conhecimento proposicional pode ser transmitido através da linguagem.

A segunda forma consiste em *habilidades*, *"saber-como"*, por exemplo, andar de bicicleta, nadar ou dirigir um carro. No exemplo um eletricista pode afirmar *"Eu sei manipular um circuito de 220 volts"* e essa afirmação não causa dúvida no ouvinte. O conhecimento de habilidades não cria problemas filosóficos, pode ser demonstrado fisicamente. Conhecimento de habilidade é diferente do conhecimento proposicional, por exemplo, eu sei como andar de bicicleta, mas eu não consigo descrever isso como um conjunto de proposições. Na verdade, eu não tenho certeza que poderia dizer-lhe como andar de bicicleta, entretanto eu poderia provar isso mostrando esta habilidade. Esta classe de conhecimento não pode ser comunicada apenas pela linguagem e é conhecida como conhecimento tácito ou prático.

Ainda há uma terceira forma de conhecimento, é o conhecimento sobre objetos, coisas materiais. Este conhecimento é o que obtemos por experiência direta ao contactarmos pessoas, coisas e lugares. Esse conhecimento é diferente do conhecimento sobre verdades (*truths*). Em alemão e francês há palavras diferentes para estes conhecimentos sobre objetos e verdades, "*kennen*" / "*wissen*" e "*connaitre*" / "*savoir*" respectivamente. Em português não temos esta distinção criando problemas para a Epistemologia[11].

No nosso caso a Modelagem Conceitual é o processo de entender e representar a realidade de um sistema de informação. A seguir temos a definição na Wikipédia:

> *O modelo ou modelagem conceitual trata da descrição da semântica de aplicativos de software em um alto nível de abstração. Especificamente, modeladores conceituais descrevem modelos de estrutura em termos de entidades, relacionamentos e restrições; descrevem modelos comportamentais ou funcionais em termos de estados, transições entre estados e ações executadas em estados e transições; e descrevem interações e interfaces de usuário em termos de mensagens enviadas e recebidas e informações trocadas (Wikipédia).*

Está claro que este processo de modelagem da realidade implica em uma grande parcela de atividades intelectuais decorrentes da capacidade de percepção da realidade pelos modeladores por meio de processos cognitivos. Então precisamos entender que este processo não é automatizável, isto é não pode ser reduzido a um algoritmo. Mesmo a utilização de ferramentas de Inteligência Artificial atuais apenas transfere o processo para a análise de documentos e demais materiais produzidos anteriormente por humanos.

Vamos aprofundar o entendimento do que é conhecimento proposicional. A visão filosófica mais comum é que se trata de uma *crença justificada como verdadeira*. Podemos mostrar isso mais formalmente assim: se **P** é uma proposição, **X** é uma pessoa podemos dizer que **X** conhece **P** se e somente se:

- **P** é verdadeira,
- **X** pode justificar **P**,
- **X** acredita em **P**.

---

[11] Esta palavra é derivada do grego através das palavras *Epistem* – conhecimento e *Logia* – estudo. Assim, a epistemologia é o estudo do conhecimento, suas fontes e como ocorre sua aquisição.

P é verdadeira: esta relação entre conhecimento e verdade é essencial para as ações. Se o conhecimento fosse independente da verdade seria inútil, ou mesmo perigoso, para o planejamento de nossas ações. A verdade de uma proposição é completamente independente das crenças ou do contexto cultural da pessoa que a afirma. No caso do exemplo da Figura 2 quando alguém afirma "Eu sei que uma tomada de 220 volts é perigosa para um choque elétrico" temos: (i) **P** 220 volts é uma tensão perigosa, (ii) **X** a pessoa pode justificar esta proposição e (iii) **X** a pessoa acredita nesta proposição.

Precisamos tomar cuidado com uma tendência de igualar as expressões "*verdade*" e "*é verdade para mim*". Uma pessoa pode acreditar em uma proposição mesmo que esta proposição seja falsa. Aqui entra em ação o método científico que permite um processo rigoroso de verificação de proposições.

Podemos classificar as proposições em: (i) matemáticas, (ii) observacionais e (iii) teóricas. Para as matemáticas temos todo um ferramental conceitual para prova-las. As observacionais são as que realmente nos interessam em Sistemas de Informação. Um fenômeno, objeto ou evento é objetivo se sua existência é independente do estado mental do observador, caso contrário é subjetivo. Aqui precisamos criar um arcabouço metodológico para nos assegurarmos que as percepções das pessoas sobre o sistema são objetivas. Finalmente as teóricas são o campo de pesquisa na Filosofia da Ciência, em que condições uma teoria científica é suficientemente robusta para ter uma confiança geral?

Dados e observações

O método científico é um processo sistemático e organizado de investigação, que envolve a formulação de hipóteses, a realização de experimentos, a coleta e análise de dados, e a interpretação dos resultados. Vamos estudar o problema dos dados e das observações.

O primeiro exemplo histórico da subjetividade na ciência ocorreu com o experimento conduzido por Robert Millikan[12] (Wikipédia) em 1910 para medir a carga do elétron. Esse experimento, conhecido como experimento da gota de óleo, foi pioneiro ao estabelecer a carga elétrica fundamental associada ao elétron, uma descoberta de extrema relevância para a física moderna. Contudo, a técnica adotada por Millikan levantou questões sobre a influência da subjetividade na prática científica, especialmente em relação à coleta e registro de dados experimentais.

A abordagem experimental de Millikan consistia em observar pequenas gotas de óleo carregadas eletricamente, suspensas em um campo elétrico, e medir seu movimento sob a influência simultânea da gravidade e da força elétrica. Através dessas medições, Millikan pôde calcular a carga do elétron com base no equilíbrio entre essas forças. No entanto, as medições foram realizadas manualmente, exigindo uma observação direta e meticulosa por parte do cientista, o que introduziu uma componente subjetiva no registro

---

[12] Robert Andrews Millikan (Morrison, 1868 — San Marino, 1953) foi um físico experimental estadunidense.

dos dados. Millikan escolheu quais medições seriam incluídas na análise final, descartando valores que considerava imprecisos ou fora do esperado, o que posteriormente gerou críticas e debates sobre a objetividade de seus resultados.

Várias análises subsequentes sugeriram que Millikan pode ter exagerado a precisão de suas medições, devido a essa seleção de dados. Embora suas conclusões gerais tenham sido validadas ao longo do tempo, com experimentos posteriores corroborando a carga fundamental do elétron com maior precisão, a técnica de Millikan revelou a vulnerabilidade dos métodos científicos a processos de viés inconsciente. Esse caso é emblemático porque mostra como a subjetividade pode influenciar a ciência mesmo em contextos experimentais, que são comumente considerados objetivos e isentos de interferência pessoal.

Além disso, o experimento de Millikan levanta uma discussão mais ampla sobre a natureza do método científico e a relação entre observação, interpretação e seleção de dados. A ciência busca, idealmente, a objetividade por meio de métodos rigorosos e reprodutíveis, mas os cientistas são indivíduos sujeitos a limitações humanas, como expectativas, vieses cognitivos e pressões por resultados consistentes com teorias aceitas. No caso de Millikan, sua confiança no valor obtido pode ter influenciado sua disposição em descartar medições que não se alinhavam com suas previsões, um comportamento que, embora problemático, reflete práticas comuns na ciência de sua época.

Esse episódio teve implicações significativas na história da ciência, pois estimulou reflexões críticas sobre a transparência dos métodos experimentais e a necessidade de processos mais rigorosos de validação e reprodutibilidade. Com o avanço tecnológico e o desenvolvimento de técnicas automatizadas, tornou-se possível reduzir a subjetividade humana na coleta e análise de dados, melhorando a precisão e confiabilidade dos resultados experimentais. No entanto, o caso de Millikan permanece como um exemplo importante da complexidade do fazer científico, destacando que a busca pela objetividade deve ser acompanhada de uma avaliação crítica constante dos métodos empregados.

O experimento de Millikan, embora pioneiro e fundamental para a física, ilustra como a subjetividade pode influenciar a ciência, mesmo em experimentos cuidadosamente planejados. O debate gerado por suas técnicas de medição e registro de dados reforça a importância de metodologias transparentes e reprodutíveis, bem como da vigilância constante contra vieses, para que a ciência possa cumprir seu papel de produzir conhecimento confiável e objetivo.

Outro exemplo de subjetividade na ciência é o fenômeno conhecido como efeito placebo, que ilustra como crenças e expectativas podem influenciar os resultados em contextos médicos e científicos. O efeito placebo ocorre quando um tratamento inativo, como um comprimido de açúcar ou uma solução salina, resulta em melhorias percebidas na condição de saúde de um paciente simplesmente porque ele acredita que está recebendo um tratamento eficaz. Esse fenômeno, embora amplamente reconhecido, desafia a ideia de que todos os resultados terapêuticos estão diretamente ligados a ações químicas ou fisiológicas de um medicamento ativo.

O efeito placebo é significativo porque seus efeitos são reais e mensuráveis, mas estão intrinsicamente ligados a fatores subjetivos, como a percepção, a confiança no tratamento e as expectativas do paciente. Por exemplo, em experimentos clínicos controlados, pacientes que recebem placebos frequentemente relatam alívio de dores, melhorias no sono ou redução de sintomas, mesmo sem terem ingerido um medicamento ativo. Esses resultados demonstram a complexa interação entre a mente e o corpo, evidenciando que crenças e emoções podem ter um impacto direto na saúde e no bem-estar.

Apesar de seu impacto, o efeito placebo não está relacionado a uma ação química direta do tratamento, mas sim a uma série de mecanismos psicológicos e fisiológicos desencadeados pela crença do paciente na eficácia do tratamento. Estudos mostram que o cérebro pode liberar substâncias químicas, como endorfinas, ou ativar sistemas de autorregulação fisiológica em resposta à expectativa de cura. Esse fenômeno tem implicações profundas tanto para a prática médica quanto para a pesquisa científica, pois revela que fatores subjetivos, como a relação médico-paciente e a apresentação do tratamento, podem influenciar os resultados clínicos.

O efeito placebo também levanta questões importantes sobre a objetividade na pesquisa científica. Em estudos clínicos, o placebo é usado como um controle essencial para avaliar a eficácia de novos medicamentos e terapias. Ao comparar os efeitos de um tratamento ativo com os de um placebo, pesquisadores podem determinar até que ponto os resultados são atribuíveis ao próprio medicamento e não a fatores subjetivos. No entanto, a presença do efeito placebo também complica essa avaliação, pois os resultados podem ser influenciados pela expectativa dos pacientes ou até mesmo pela forma como o estudo é conduzido.

Esse fenômeno não se limita à medicina, sendo observado também na educação e em outras áreas do conhecimento. Por exemplo, estudantes que acreditam estar utilizando um método de estudo altamente eficaz ou participando de uma aula ministrada por um professor considerado excepcional podem apresentar melhorias em seu desempenho acadêmico, mesmo que a prática pedagógica utilizada seja similar a outras abordagens. A simples crença na qualidade do ensino ou do recurso educacional pode gerar um aumento na motivação, na autoconfiança e no engajamento, resultando em melhores resultados de aprendizagem.

Essa generalidade do efeito, muitas vezes comparado ao efeito placebo, reforça a importância de considerar a subjetividade ao interpretar os resultados educacionais. Fatores como a percepção dos estudantes sobre a qualidade do material didático, o prestígio da instituição ou o uso de tecnologias inovadoras podem influenciar diretamente o rendimento, independentemente do conteúdo ou da técnica pedagógica em si. Esse fenômeno destaca o papel fundamental das expectativas e da autoeficácia na aprendizagem, sugerindo que as crenças e atitudes dos estudantes podem ser tão importantes quanto as práticas objetivas aplicadas em sala de aula.

Embora a ciência seja baseada em evidências empíricas, há limites para a objetividade da ciência. A subjetividade pode surgir na medição dos dados, na interpretação dos resultados e em outros aspectos do processo científico. É importante que os cientistas sejam transparentes em seus métodos e resultados, e que os resultados sejam discutidos criticamente para garantir a precisão e a confiabilidade das conclusões científicas.

Observações são processos mentais que ocorrem quando um indivíduo percebe algo através de seus sentidos, como a visão, a audição ou o tato. Essas percepções sensoriais são processadas na mente e resultam em uma experiência subjetiva. Por exemplo, uma pessoa pode observar que um objeto é azul ou que uma música é alta.

Por outro lado, declarações observacionais são as descrições verbais ou escritas das observações. Essas declarações são, em princípio, verificáveis externamente o que significa que outras pessoas podem confirmar ou refutar a declaração por meio de observações independentes. Por exemplo, se um cientista afirma ter observado certo evento em um experimento, outros cientistas podem tentar replicar o experimento para verificar se suas observações são consistentes com a declaração original.

É importante ressaltar que as declarações observacionais são distintas das teorias científicas, que são construções explicativas mais complexas que visam descrever e prever fenômenos observados. As teorias são testadas em relação a novas observações e declarações observacionais, com o objetivo de verificar sua validade e precisão. As observações e as declarações observacionais são, portanto, a base sobre a qual as teorias científicas são desenvolvidas e testadas.

Por fim, é importante destacar que as observações e as declarações observacionais não são simples reflexos passivos de estímulos sensoriais. A percepção é um processo ativo que envolve a interpretação e o julgamento por parte do observador. Isso significa que diferentes observadores podem interpretar as mesmas observações de maneiras diferentes, o que pode levar a diferentes declarações observacionais.

Dados e métodos qualitativos

Em muitos casos nas ciências humanas e sociais, não é possível ou adequado fazer comparações quantitativas diretas entre diferentes observações. A pesquisa qualitativa é uma abordagem de pesquisa que busca compreender um fenômeno em profundidade, por meio da coleta e análise de dados descritivos e não numéricos. Os dados qualitativos podem incluir entrevistas, observações participantes, análise de documentos, entre outras técnicas.

Pode ser necessário usar métodos mais complexos e subjetivos para avaliar conceitos complexos, como o grau de integração em uma comunidade de pesquisa. Para medir o grau de integração em uma comunidade de pesquisa, pode ser necessário coletar vários tipos de dados, como o número de publicações de diferentes pesquisadores, a frequência com que os pesquisadores colaboram uns com os outros e a participação em conferências ou outras atividades acadêmicas conjuntas. No entanto, nenhum desses dados pode fornecer uma imagem completa e precisa do grau de integração em si.

Ao lidar com conceitos complexos nas ciências humanas e sociais, e em sistemas de informação, é importante reconhecer que nem sempre é possível usar métodos quantitativos simples para coletar e comparar dados. Em vez disso, pode ser necessário usar métodos mais complexos e subjetivos para obter uma compreensão mais completa e precisa desses conceitos. Ao contrário da pesquisa quantitativa, que se concentra na mensuração numérica de variáveis e na realização de análises estatísticas, a pesquisa qualitativa busca compreender a perspectiva e as experiências dos participantes em seu próprio contexto. Isso envolve a coleta de dados mais descritivos e subjetivos, como opiniões, pontos de vista, percepções, crenças e atitudes.

A pesquisa qualitativa é menos estruturada e mais flexível do que a pesquisa quantitativa, permitindo que os pesquisadores se concentrem em questões emergentes e ajustem suas abordagens de acordo com as informações coletadas. Essa abordagem também é útil para explorar tópicos complexos, sensíveis ou pouco conhecidos, em que a coleta de dados quantitativos pode ser limitada ou inadequada, este é o caso específico de sistemas de informação.

Um sistema de informação é um conjunto de componentes interconectados que trabalham em conjunto para coletar, processar, armazenar e distribuir informações com o objetivo de apoiar as operações, a gestão e a tomada de decisão em uma organização. É importante destacar que um sistema de informação não se limita a hardware ou software, mas também inclui processos, pessoas e dados.

O objetivo dos sistemas de informação é fornecer informações precisas e oportunas para apoiar a tomada de decisão em uma organização. Isso envolve a coleta e a análise de dados, bem como a comunicação dessas informações aos usuários relevantes. Um sistema de informação é um sistema social, que envolve a interação entre pessoas, tecnologia e processos. Ao modelarmos um sistema de informações devemos compreender que este é um processo muito mais amplo do que a criação de um esquema conceitual de banco de dados com base em formulários físicos em uso em uma organização e a criação de processos que automatizem os procedimentos manuais.

Nas ciências humanas e sociais, pode haver casos em que é impossível ou inadequado fazer comparações quantitativas entre os dados coletados. Diferentemente das ciências naturais, onde frequentemente é possível medir grandezas físicas objetivas e realizar comparações numéricas, as ciências humanas e sociais muitas vezes lidam com fenômenos complexos e subjetivos.

Em alguns casos, os dados coletados nessas áreas podem ser qualitativos, ou seja, expressos em termos de características, propriedades ou atributos em vez de quantidades mensuráveis. Por exemplo, em estudos qualitativos, podem ser realizadas análises de entrevistas, observações participantes ou análise de documentos para identificar temas, padrões e significados subjacentes.

Em outras situações, os dados coletados podem ser de natureza quantitativa, mas as diferenças entre as observações podem não ser facilmente comparáveis ou significativas. Isso pode ocorrer quando os fenômenos estudados são altamente complexos e multifacetados, influenciados por uma série de variáveis inter-relacionadas. Nesses casos, é importante considerar cuidadosamente as limitações e as nuances dos dados antes de tentar fazer comparações quantitativas.

É fundamental reconhecer que as ciências humanas e sociais têm suas próprias abordagens metodológicas e formas de análise que possa não se basear exclusivamente em comparações quantitativas. Em vez disso, elas podem se valer de métodos qualitativos, interpretações contextuais e teorias abrangentes para compreender os fenômenos sociais e humanos.

Portanto, é essencial adotar uma abordagem adequada aos dados disponíveis e ao objetivo da pesquisa, reconhecendo que nem sempre é possível ou apropriado realizar comparações quantitativas diretas nas ciências humanas e sociais. Podemos tirar a conclusão de que os métodos qualitativos podem ser caracterizados pelo fato de os dados coletados serem classificados, isto é, são qualitativos advindos de observações que formam uma escala nominal. Os métodos qualitativos têm ainda outra coisa em comum: que os fenômenos que se estão estudando são significativos, e o objetivo principal de métodos qualitativos é identificar o significado ou significância de textos, símbolos, ações, e assim por diante. Significado e significância são conceitos que pertencem ao reino intencional.

Na filosofia e na psicologia, o conceito de *"reino intencional"* se refere à capacidade dos seres humanos de atribuir significado, intenção e propósito às suas experiências, ações e pensamentos. Nesse contexto, o significado e a significância são de fato conceitos que pertencem ao reino intencional.

O significado geralmente se refere à importância ou ao sentido que algo possui em relação a algo ou alguém. É uma noção subjetiva que está relacionada à interpretação e à compreensão que atribuímos a eventos, símbolos, palavras ou ações. O significado está intimamente ligado às nossas experiências, valores, crenças e contextos culturais.

A significância, por sua vez, está relacionada à relevância ou ao impacto que algo tem em relação a um determinado contexto ou objetivo. Ela implica em reconhecer se algo é importante, influente ou digno de atenção em um determinado contexto ou para uma determinada finalidade. Esses conceitos são fundamentais para a compreensão da natureza da mente humana e da forma como atribuímos sentido e valor às nossas experiências. Ao considerar o reino intencional, reconhecemos que os seres humanos têm a capacidade de conferir significado e significância às coisas, e que essa atribuição é essencial para a nossa compreensão do mundo e para a tomada de decisões.

Vale ressaltar que, embora o significado e a significância sejam conceitos subjetivos e dependentes da interpretação humana, também existem abordagens objetivas e científicas que buscam compreender esses aspectos por meio de estudos da linguagem, da cognição, da semântica e de outras áreas relacionadas.

A significância também é um conceito estatístico usado para determinar se um resultado ou diferença observada em um estudo científico é estatisticamente relevante ou apenas resultado do acaso. É um conceito comumente utilizado em testes de hipóteses estatísticas para avaliar se uma diferença ou relação observada entre grupos ou variáveis é estatisticamente significativa, ou seja, se é improvável que tenha ocorrido por acaso.

Escalas

Os dados correspondem a informações obtidas sobre uma determinada variável ou fenômeno. Essas informações podem ser coletadas a partir de diversas fontes, como pesquisas, experimentos ou registros, e servem como base para análises e tomadas de decisão. A partir desses dados, extraímos as medidas, que são valores numéricos que resumem ou descrevem as principais características do conjunto analisado. Para que esses dados e medidas possam ser organizados e interpretados adequadamente, utilizamos as escalas de medição — sistemas que permitem classificar ou quantificar as características observadas.

Os dados correspondem a informações obtidas sobre uma determinada variável ou fenômeno. Essas informações podem ser coletadas a partir de diversas fontes, como pesquisas, experimentos ou registros, e servem como base para análises e tomadas de decisão. A partir desses dados, extraímos as medidas, que são valores numéricos que resumem ou descrevem as principais características do conjunto analisado.

Mas para que essas informações façam sentido e possam ser organizadas de forma lógica e útil, precisamos das escalas de medição — sistemas que nos ajudam a classificar ou quantificar o que foi observado.

Agora, por que é tão importante escolher a escala certa? Imagine que você quer estudar a temperatura de diferentes cidades. Se você usar uma escala qualitativa, como "*frio*", "*morno*" e "*quente*", a análise será muito subjetiva. O que é "*frio*" para uma pessoa pode ser "*morno*" para outra. Já se você usa uma escala quantitativa, como graus Celsius, pode comparar as temperaturas de forma precisa e fazer análises corretas.

Ou pense em uma pesquisa de satisfação com uma escala de 0 a 10. Se você, por engano, usar uma escala de 0 a 5 para interpretar os resultados, pode acabar achando que os clientes estão muito mais satisfeitos (ou insatisfeitos) do que realmente estão. Nesse caso, a escala errada distorce a realidade.

Portanto, a escolha da escala adequada é essencial para que a representação dos dados seja fiel à realidade e permita conclusões corretas. Ela garante que as informações possam ser comparadas, analisadas e utilizadas de forma coerente — evitando erros de interpretação e decisões mal fundamentadas.

Existem diferentes tipos de escalas, cada uma adequada a um tipo específico de dado ou situação de análise. As principais são: nominais, que apenas identificam categorias sem nenhuma ordem; ordinais, que classificam os dados em uma ordem, mas sem intervalos uniformes; de intervalo, que possuem distâncias iguais entre os valores, mas sem um zero absoluto; e de razão, que, além de tudo isso, têm um zero verdadeiro, permitindo comparações de proporção. A escolha da escala apropriada é fundamental e depende tanto da natureza dos dados coletados quanto do tipo de análise que se pretende realizar. Cada tipo de escala é adequado para diferentes propósitos e apresenta limitações e possibilidades distintas em relação às operações matemáticas que podem ser realizadas com as medidas. É importante entender as características de cada tipo de escala para realizar medições precisas e interpretar adequadamente os resultados obtidos. As escalas podem ser classificadas em:

Escala nominal: A escala nominal é utilizada para classificar objetos ou indivíduos em categorias distintas, sem uma ordem específica. Exemplos de variáveis nominais são: o gênero, a cor dos olhos, a espécie de um animal. Na escala nominal, não é possível fazer comparações numéricas ou matemáticas. Na escala nominal, é possível utilizar estatísticas descritivas como a frequência e a porcentagem para analisar os dados. No entanto, não é possível utilizar estatísticas como média, mediana ou desvio padrão, pois não há uma escala numérica que represente as diferenças entre as categorias. Realmente essa escala não é uma escala no sentido completo do nome, mas apenas uma classificação em grupos.

Escala ordinal: A escala ordinal é utilizada para classificar objetos ou indivíduos em categorias com uma ordem específica, mas sem uma diferença quantitativa bem definida entre elas. Exemplos de variáveis ordinais são a posição em uma corrida, a nota de um filme, a intensidade de uma dor, entre outras. Na escala ordinal, é possível ordenar os valores, mas não é possível fazer operações matemáticas. É preciso cuidado quando se utilizam números para indicar valores em escalas ordinais. Por exemplo, em uma escala de Likert do estilo *"Concordo totalmente, Concordo, Não concordo nem discordo, Discordo, Discordo totalmente"* é comum utilizar 5, 4, 3, 2, 1 para indicar estas opiniões, mas estes números indicam apenas categorias. No exemplo da escala de Likert mencionado, é comum atribuir números a cada uma das categorias para facilitar o processo de análise e interpretação dos dados. No entanto, é importante ter em mente que esses números não podem ser tratados como valores numéricos, e qualquer aplicação estatística como média, desvio padrão ou outras não terão significado. Uma alternativa para analisar dados de uma escala nominal é utilizar estatísticas descritivas que sejam adequadas a esse tipo de escala, como a frequência e a porcentagem de respostas em cada categoria. Além disso, é importante utilizar testes estatísticos que sejam apropriados para análise de dados categóricos. Portanto, ao utilizar números para indicar valores em escalas ordinais, é importante lembrar que esses números são apenas códigos para facilitar a análise dos dados e que qualquer análise estatística deve ser adequada ao tipo de escala utilizada.

Escala intervalar: A escala intervalar é utilizada para medir grandezas em que as diferenças entre os valores têm um significado quantitativo bem definido, mas não existe um zero absoluto. Exemplos de variáveis intervalares são a temperatura em graus Celsius ou Fahrenheit, a data em um calendário, entre outras. Um exemplo comum de uma variável medida em escala intervalar é a temperatura em graus Celsius ou Fahrenheit. Na escala Celsius, por exemplo, a diferença entre 20°C e 25°C é igual à diferença entre 25°C e 30°C, o que significa que a diferença de 5°C tem um significado quantitativo bem definido. No entanto, não há um ponto zero absoluto na escala Celsius, pois a temperatura de 0°C não representa a ausência total de temperatura. Na escala intervalar, é possível utilizar estatísticas descritivas como, por exemplo, média, desvio padrão e correlação para analisar os dados. No entanto, é importante lembrar que não é possível realizar operações de proporção ou de razão entre os valores, pois não há um ponto zero absoluto. Por exemplo, não faz sentido dizer que 20°C é o dobro de 10°C, pois não há uma temperatura que represente a ausência total de temperatura.

Escala razão: A escala razão é utilizada para medir grandezas em que as diferenças entre os valores têm um significado quantitativo bem definido e existe um zero absoluto que representa a ausência da grandeza medida. Exemplos de variáveis de escala razão são: a massa em quilogramas, a velocidade em quilômetros por hora, a idade em anos, temperatura em graus Kelvin entre outras. Um outro exemplo de uma variável medida em escala razão é a massa em quilogramas. Nessa escala, existe um zero absoluto que representa a ausência de massa, e as diferenças entre os valores têm um significado quantitativo bem definido. Por exemplo, uma massa de 10 kg é duas vezes maior do que uma massa de 5 kg. Além disso, é possível realizar operações aritméticas entre os valores, como adição, subtração, multiplicação e divisão. Outro exemplo de uma variável medida em escala razão é a idade em anos. Nessa escala, o zero absoluto representa o momento do nascimento, e as diferenças entre os valores têm um significado quantitativo bem definido. Por exemplo, uma pessoa com 20 anos é mais velha do que uma pessoa com 10 anos. É possível realizar operações aritméticas entre os valores da escala razão, como adição, subtração, multiplicação e divisão. Na escala razão, é possível utilizar estatísticas descritivas como a média, a mediana, o desvio padrão, a variação, entre outras, para analisar os dados. Além disso, é possível utilizar medidas de associação e correlação para avaliar a relação entre as variáveis medidas em escala razão.

Leitura recomendada

Para complementar e aprofundar este capítulo sugiro a leitura do livro *Metodologia do trabalho científico: Métodos e Técnicas da Pesquisa e do Trabalho Acadêmico* (Prodanov, et al., 2013) disponível em acesso livre no *site da Feevale*.

Capítulo
2

Percepção e modelagem

É importante enfatizar a influência da linguagem na modelagem conceitual, especialmente no contexto da Engenharia de Requisitos, uma vez que essa disciplina depende fortemente da comunicação precisa e da representação adequada do conhecimento e das necessidades dos stakeholders. A linguagem atua não apenas como meio de expressão, mas como instrumento de construção e formalização do pensamento, sendo, portanto, fundamental para a elaboração de modelos conceituais claros, coerentes e compreensíveis.

Na Engenharia de Requisitos, a qualidade da comunicação entre analistas, usuários finais, desenvolvedores e demais partes interessadas é determinante para o sucesso do projeto. Nesse cenário, o domínio da linguagem influencia diretamente a capacidade de elicitar, documentar, validar e negociar requisitos de forma eficaz. Assim, torna-se essencial promover o desenvolvimento de habilidades linguísticas elaboradas entre os modeladores conceituais, o que inclui não apenas a proficiência técnica na terminologia da área, mas também a competência em leitura, escrita e interpretação de diversos gêneros discursivos.

Recomenda-se, portanto, incentivar práticas sistemáticas de leitura e escrita em uma variedade de gêneros e estilos, desde textos científicos e técnicos até narrativas, descrições e argumentações, promovendo a ampliação do repertório linguístico e discursivo dos profissionais envolvidos. A exposição a uma diversidade de idiomas e culturas também é benéfica, especialmente em projetos de grande escala ou de caráter internacional, nos quais a heterogeneidade linguística e cultural pode impactar diretamente na interpretação dos requisitos e na construção dos modelos.

Adicionalmente, é imprescindível que os modeladores conceituais sejam incentivados a utilizar uma linguagem clara, precisa e bem definida ao criar modelos conceituais. Isso implica evitar ambiguidade, inconsistências terminológicas e estruturas linguísticas complexas ou obscuras, priorizando a inteligibilidade e a usabilidade das representações para todos os públicos envolvidos. A adoção de padrões linguísticos bem estabelecidos, glossários compartilhados e práticas de revisão colaborativa pode contribuir significativamente para esse objetivo.

Na Engenharia de Requisitos, a competência linguística dos modeladores conceituais deve ser entendida como uma habilidade técnica de primeira ordem, com impacto direto na qualidade dos modelos produzidos e, consequentemente, na eficácia dos sistemas desenvolvidos. Fomentar essa competência, por meio de uma formação linguística contínua e integrada à prática profissional, é uma estratégia indispensável para o avanço da área e para a redução de falhas decorrentes de problemas de comunicação.

A simplificação é um problema

A falta de conhecimento linguístico de muitos profissionais é um problema preocupante em um mundo cada vez mais globalizado e interconectado. Embora iniciativas como o Globish sejam úteis para criar uma base de entendimento mútuo, é ilusório acreditar que a adoção de um inglês simplificado seja suficiente para suprir a complexidade da comunicação internacional. A ausência de uma competência linguística mais ampla e profunda limita não apenas a precisão na troca de ideias, mas também a capacidade de compreender nuances culturais, sociais e profissionais.

Profissionais que dependem exclusivamente de formas reduzidas de um idioma correm o risco de restringir sua habilidade de argumentar de forma rigorosa, interpretar mensagens com clareza ou participar de discussões científicas que demandam um vocabulário técnico mais avançado. Isso é especialmente grave no contexto do método científico, onde precisão terminológica e capacidade de expressar conceitos complexos são indispensáveis.

Em vez de se apoiar em soluções simplificadas, deveria haver um incentivo mais robusto para que os profissionais desenvolvam maior fluência em línguas estrangeiras, incluindo a habilidade de articular ideias em níveis sofisticados, possibilitando um engajamento verdadeiro com o conhecimento global e interdisciplinar. Essa negligência linguística perpetua barreiras no diálogo internacional e na disseminação do conhecimento, enfraquecendo a colaboração e a inovação em um mundo que exige cada vez mais competência comunicativa e intercultural.

Um exemplo de simplificação de linguagem é o *Globish*, um subconjunto do idioma inglês formalizado por Jean-Paul Nerriere, um antigo executivo de negócios francês. Esse dialeto foi desenvolvido para facilitar a comunicação entre pessoas cuja língua materna não é o inglês, especialmente no contexto dos negócios internacionais. O termo *Globish* é uma combinação das palavras *Global* e *English*, refletindo sua finalidade de ser uma língua global com base no inglês.

O *Globish* utiliza um subconjunto da gramática do inglês padrão, simplificando algumas das complexidades e nuances do idioma. Ele foi projetado para ser mais acessível e fácil de aprender para falantes não nativos de inglês. O objetivo principal do Globish é facilitar a comunicação básica e efetiva em situações de negócios internacionais, permitindo que pessoas de diferentes origens linguísticas possam se entender.

Uma das características distintivas do Globish é a limitação do vocabulário. Nerriere definiu uma lista de cerca de 1.500 palavras em inglês que são consideradas essenciais para a comunicação básica em um contexto global. Essas palavras são selecionadas com base em sua frequência de uso em inglês internacional, abrangendo áreas como negócios, tecnologia, ciência e cultura geral. A limitação do vocabulário visa simplificar o aprendizado e a aplicação prática do Globish.

É importante ressaltar que o *Globish* não é considerado uma língua em si, mas sim uma forma simplificada e padronizada do inglês. Ele não substitui o inglês padrão ou os diferentes dialetos e variações do idioma falado em países de língua inglesa. Em vez disso, o Globish serve como uma base comum de comunicação para pessoas que não têm o inglês como língua materna.

O escritor Robert McCrum escreveu um livro intitulado *Globish* (McCrum, 2010), no qual explora o fenômeno do uso dessa forma simplificada do inglês em um contexto global. O livro examina a importância do inglês como língua franca internacional e como o *Globish* se tornou uma ferramenta viável para a comunicação em um mundo cada vez mais globalizado.

Um dos principais problemas apontados em relação ao *Globish* é a sua pobreza semântica. Devido à limitação do vocabulário a apenas 1.500 palavras, o *Globish* não possui a mesma riqueza lexical e nuances de significado presentes no inglês padrão. Isso pode levar a uma comunicação limitada e superficial em certos contextos.

A pobreza semântica do *Globish* pode dificultar a expressão de ideias complexas, especialmente em áreas técnicas, científicas ou artísticas, onde termos especializados e vocabulário específico são necessários. Além disso, a falta de palavras para expressar sutilezas culturais pode levar a mal-entendidos e interpretações equivocadas.

Outro desafio da pobreza semântica é a dificuldade de lidar com ambiguidades e duplos sentidos. A língua padrão é conhecida por sua flexibilidade e capacidade de criar trocadilhos, jogos de palavras e metáforas. No entanto, com um vocabulário limitado, se perde a capacidade de explorar múltiplos significados e jogos linguísticos. Além disso, a pobreza semântica pode afetar a capacidade de expressar sentimentos e emoções de forma sutil e precisa. Palavras que descrevem nuances emocionais podem estar ausentes, tornando difícil transmitir com precisão o tom desejado em uma comunicação.

Inglês Estruturado

Para representar o conhecimento outra forma de codificação é a linguagem estruturada, inicialmente lançada como Inglês Estruturado (Fuchs, et al., 1999).

> • If a copy of a book is checked out to a borrower
>   and a staff member returns the copy
>   then the copy is available.
>
> • If a staff member adds a copy of a book to the library
>   and no catalog entry of the book exists
>   then the staff member creates a catalog entry
>   that contains the author name of the book
>   and the title of the book
>   and the subject area of the book
>   and the staff member enters the id of the copy
>   and the copy is available.

Figura 4: Exemplo de inglês estruturado

Os autores escrevem no resumo do artigo:

O idioma de especificação Attemp to Controlled English (ACE) é uma linguagem natural controlada, ou seja, um subconjunto do inglês padrão com um vocabulário de domínio específico e uma gramática restrita. A restrição da linguagem natural completa a um subconjunto controlado é essencial para ACE para ser adequado para fins de especificação. Os principais objetivos desta restrição são para reduzir a ambiguidade e imprecisão inerentes ao natural linguagem e para tornar o computador ACE processável. especificações ACE pode ser traduzido inequivocamente para linguagens de especificação lógica, e podem ser consultados e executados. Resumindo, o ACE permite que especialistas de domínio expressar especificações em linguagem natural familiar e combinar isso com o rigor das linguagens de especificação formal.

No entanto, a representação computacional do CE pode apresentar alguns desafios. Aqui estão alguns problemas comuns:

- **Ambiguidade e polissemia**: A linguagem natural é intrinsecamente ambígua, com palavras e frases frequentemente tendo múltiplos significados. A representação computacional do CE precisa lidar com a ambiguidade de forma eficaz para garantir a compreensão correta da mensagem. Além disso, a polissemia (palavras com vários significados relacionados) pode causar dificuldades na atribuição de significados precisos.

- **Variações linguísticas**: A língua natural é altamente variável, com diferentes formas, estilos e dialetos. A representação computacional do CE deve considerar essas variações e garantir que o sistema possa lidar com diferentes formas de expressão e compreender a mensagem independentemente da variante linguística utilizada.

- **Contexto e inferência**: A compreensão correta de uma mensagem muitas vezes requer a capacidade de inferir significados com base no contexto. A representação computacional do CE precisa ser capaz de capturar e usar o contexto para realizar inferências e evitar mal-entendidos.

- **Idiomas e culturas específicas**: O CE pode ser usado em vários idiomas e culturas, cada um com suas próprias nuances e características linguísticas. A representação computacional precisa ser adaptada a cada idioma e cultura para garantir uma compreensão precisa e evitar problemas de interpretação cultural.

- **Expressão criativa e figurativa**: A representação computacional do CE pode ter dificuldade em lidar com expressões criativas, metáforas, trocadilhos e outras formas de linguagem figurativa. A linguagem natural é rica em expressões idiomáticas e jogos de palavras, que podem ser desafiadores de serem representados e compreendidos de forma computacional.

- **Atualização e adaptação**: O CE está sujeito a mudanças e evolução contínuas à medida que novos termos e expressões são introduzidos na linguagem. A representação computacional do CE precisa ser capaz de se adaptar e ser atualizada regularmente para acompanhar essas mudanças e garantir uma compreensão precisa e atualizada.

Embora a representação computacional do CE apresente esses desafios, avanços contínuos na área de processamento de linguagem natural têm permitido abordagens mais sofisticadas para lidar com essas questões. Ainda assim, é importante reconhecer que a compreensão completa e precisa da linguagem natural é um desafio complexo e em constante evolução no campo da computação.

Adicionalmente, o uso restrito da linguagem compromete a articulação de distinções conceituais sutis, essenciais à identificação correta dos requisitos e à construção de ontologias robustas e coerentes. A Engenharia de Requisitos exige um vocabulário técnico bem definido, expressões modais e temporais claras, e uma estrutura argumentativa capaz de sustentar justificativas e análises racionais. Esses elementos estão gravemente comprometidos quando se adota uma linguagem funcionalmente empobrecida, sobretudo se não houver complementação por ferramentas formais ou estruturas documentais mais ricas.

A riqueza da linguagem natural

É possível compreender que uma capacidade de expressão linguística elaborada é essencial para uma representação correta da realidade. Tudo que existe no contexto da experiência humana que pode ser expresso em uma linguagem natural, como português, inglês, francês, japonês ou chinês. As linguagens naturais são gerais o suficiente para explicar e comentar qualquer linguagem artificial, notação matemática ou linguagem de programação já concebida ou concebível. Eles são até mesmo gerais o suficiente para servir como uma metalinguagem que pode explicar a si mesmas ou outras linguagens naturais e artificiais.

Tudo o que pode ser declarado de forma clara e precisa em qualquer linguagem natural pode ser expresso em lógica. Pode haver aspectos de amor, poesia e arte que são muito evasivos para serem declarados claramente. Mas qualquer coisa que possa ser implementada em um computador digital em qualquer linguagem de programação pode ser especificada em lógica.

Um intelectual francês, Christophe Clavé, professor do HEC Paris, tem tratado do problema da pobreza da linguagem na estruturação de pensamentos e, portanto, de representações complexas. O texto a seguir deste autor caracteriza bem o problema.

> *E não é apenas a redução do vocabulário utilizado, mas também as sutilezas linguísticas que permitem elaborar e formular pensamentos complexos. O desaparecimento gradual dos tempos (subjuntivo, imperfeito, formas compostas do futuro, particípio passado) dá origem a um pensamento quase sempre no presente, limitado ao momento: incapaz de projeções no tempo. Sem palavras para construir um argumento, o pensamento complexo torna-se impossível. Quanto mais pobre a linguagem, mais o pensamento desaparece.*

A capacidade de expressão linguística elaborada é essencial para uma representação correta da realidade. A linguagem é a ferramenta fundamental que usamos para comunicar nossos pensamentos e ideias uns aos outros, e a falta de uma linguagem rica e diversificada pode levar a uma compreensão limitada e superficial da realidade.

O problema da pobreza da linguagem é especialmente relevante para a modelagem conceitual, pois essa atividade envolve a representação de ideias e conceitos complexos de uma forma clara e precisa. Se a linguagem usada para modelar esses conceitos é limitada ou imprecisa, a modelagem resultante será igualmente limitada e imprecisa. Isso pode levar a erros conceituais, lacunas na compreensão e resultados insatisfatórios.

A pobreza da linguagem pode apresentar diversos desafios na expressão de pensamentos complexos e na capacidade de elaborar argumentos sólidos. A redução do vocabulário utilizado é uma das facetas dessa pobreza, mas também é importante considerar as sutilezas linguísticas que são necessárias para a formulação de ideias complexas. Eis alguns problemas relacionados à pobreza da linguagem:

- **Redução do vocabulário**: Quando o vocabulário disponível em uma linguagem é limitado, pode ser difícil encontrar as palavras certas para descrever conceitos específicos ou transmitir nuances importantes. Isso pode levar a uma simplificação excessiva dos pensamentos e à perda de detalhes relevantes.

- **Limitação temporal**: O desaparecimento gradual dos tempos verbais mais complexos, como o subjuntivo, imperfeito, formas compostas do futuro e particípio passado, pode restringir a capacidade de projetar pensamentos no tempo. Sem esses tempos verbais, a linguagem se torna mais focada no presente imediato, dificultando a expressão de ideias relacionadas a eventos passados, futuros ou hipotéticos.

- **Construção argumentativa:** Uma linguagem pobre pode não fornecer as palavras e estruturas necessárias para construir um argumento de forma coerente e persuasiva. A falta de conectores lógicos, modos verbais específicos e outros recursos linguísticos podem prejudicar a clareza e a força de um argumento, tornando-o menos convincente.

- **Limitações conceituais**: A riqueza de uma linguagem está diretamente relacionada à sua capacidade de expressar conceitos complexos. Quando a linguagem é pobre, pode haver uma falta de termos específicos para descrever ideias abstratas, sutilezas emocionais ou contextos culturais. Isso pode levar a uma simplificação excessiva de conceitos e à perda de nuances importantes na comunicação.

Em suma, a pobreza da linguagem, que envolve não apenas a redução do vocabulário, mas também a falta de sutilezas linguísticas pode limitar a capacidade de elaborar pensamentos complexos. A falta de palavras e estruturas adequadas para expressar ideias, a restrição temporal e a dificuldade em construir argumentos coesos são alguns dos problemas que podem surgir. Uma linguagem rica e diversificada oferece ferramentas mais eficazes para a expressão de pensamentos complexos e a transmissão de informações detalhadas.

A progressiva redução no uso de tempos verbais, como citado acima, o subjuntivo, o passado simples, o imperfeito e até formas compostas do futuro, está nos empurrando para um pensamento focado no presente imediato, limitado ao "agora". Isso nos torna incapazes de projetar ideias ou raciocínios ao longo do tempo. É como se estivéssemos perdendo a habilidade de imaginar o que foi, o que poderia ter sido ou o que ainda poderá acontecer. E não para por aí: o desaparecimento das letras maiúsculas e da pontuação também causa danos irreparáveis à comunicação. Sem esses elementos, perdemos sutileza e precisão. Pense bem: menos palavras, menos formas verbais conjugadas, menos ferramentas para expressar nossas emoções e ideias. É como se a nossa capacidade de pensar e se comunicar estivesse encolhendo com a linguagem.

Como desenvolver pensamentos mais complexos, como hipóteses ou deduções, sem o uso do condicional? Como sonhar com o futuro, ou mesmo planejá-lo, se não utilizamos as formas verbais adequadas para falar sobre ele? E mais: como entender a ideia de tempo — o que aconteceu antes, o que está acontecendo agora e o que poderá acontecer depois — sem uma linguagem capaz de fazer essas distinções? Sem isso, tudo se torna uma massa de eventos, sem ordem ou perspectiva. Quem defende a simplificação exagerada da língua — eliminando regras, ignorando gêneros, tempos e nuances — argumenta que isso facilita a vida. Mas será mesmo? Na verdade, ao tirar a complexidade da linguagem, estamos enterrando a riqueza do pensamento humano. A linguagem é o que nos permite raciocinar, criar e imaginar.

Uma forma eficaz de enriquecer a linguagem é investir em uma prática constante de leitura, ampliando o escopo para além dos artigos científicos da nossa área de pesquisa. A leitura de textos de divulgação científica, reportagens de revistas especializadas e a participação em painéis e debates são estratégias fundamentais para aprofundar a compreensão de conceitos e terminologias específicas. No entanto, para ir além e realmente expandir a capacidade de expressão e escrita, é crucial explorar também leituras de cultura geral.

O contato com obras literárias, ensaios sobre filosofia, história, sociologia ou mesmo textos jornalísticos de alta qualidade contribui para o desenvolvimento de um vocabulário mais rico e diversificado. Esses textos permitem uma exposição a estilos variados de narrativa, argumentação e análise, que podem ser incorporados e adaptados ao estilo acadêmico. Além disso, eles oferecem novas perspectivas sobre questões complexas e ampliam a visão de mundo, um recurso valioso para a formulação de argumentos mais sólidos e criativos.

Essa abordagem ampla de leitura, que inclui desde publicações acadêmicas até obras de ficção e ensaios culturais, não apenas aprimora a capacidade de comunicação científica, mas também fortalece o pensamento crítico e a habilidade de conectar diferentes áreas do conhecimento. Em última instância, a exposição a diversas formas de escrita e pensamento ajuda a construir uma linguagem mais rica, clara e impactante, essencial para transmitir ideias de forma eficaz no meio acadêmico e além dele. Além disso, é importante que os pesquisadores trabalhem em equipe, colaborando com colegas de diferentes disciplinas e contextos culturais. Isso pode ajudar a ampliar nossa compreensão das terminologias e perspectivas utilizadas em diferentes áreas de pesquisa, permitindo-nos criar modelos conceituais mais precisos e eficazes.

É importante lembrar que a pobreza da linguagem não é apenas um problema individual, mas um problema sistêmico que pode ser resolvido apenas com o apoio de instituições acadêmicas, editoras científicas e outras organizações relevantes. Essas instituições podem fornecer treinamento em comunicação científica, bem como orientações e recursos para ajudar os pesquisadores a melhorar sua escrita científica e criar modelos conceituais mais precisos e eficazes.

Citando uma passagem de Arthur Schopenhauer[13] (Schopenhauer, 2011). Nessa obra, Schopenhauer argumenta que é importante escrever de forma concisa e clara, evitando a prolixidade e o entrelaçamento de observações desnecessárias. Ele destaca a importância de respeitar o tempo, a dedicação e a paciência do leitor, para que o texto seja considerado valioso e recompense o esforço investido na leitura.

> *"... deve-se evitar toda a prolixidade e todo o entrelaçamento de observações que não valem o esforço da leitura. É preciso ser econômico com o tempo, a dedicação e a paciência do leitor, de modo a receber dele o crédito de considerar o que foi escrito digno de uma leitura atenta e capaz de recompensar o esforço empregado nela"*

Essa abordagem de escrita econômica e acessível é valorizada por muitos escritores e comunicadores, pois permite transmitir as ideias de maneira mais eficaz e cativar o leitor. A clareza e a concisão são fundamentais para uma comunicação efetiva, evitando o excesso de informações desnecessárias e facilitando a compreensão do conteúdo.

Schopenhauer defendia que um texto bem escrito é aquele que respeita a atenção e o tempo do leitor, oferecendo um conteúdo valioso e recompensador. Essa perspectiva ressalta a importância de considerar o receptor da mensagem ao escrever, buscando sempre transmitir as informações de maneira clara, interessante e envolvente.

Citando Schopenhauer sobre o problema multilinguístico:

> *"Primeiro é preciso compreender corretamente todos os conceitos que a língua a ser aprendida designa com suas palavras e, a cada palavra dessa língua, pensar imediatamente no conceito exato correspondente, sem traduzir primeiro a palavra por uma da língua materna, para depois pensar no conceito designado pela tradução. Pois nem sempre o segundo conceito corresponde com exatidão ao primeiro, e o mesmo pode ser dito em referência a frases inteiras. Só assim se compreende o espírito da língua a ser aprendida, dando-se com isso um grande passo para o conhecimento da nação que fala essa língua, porque a língua é, para o espírito de uma nação, o que o estilo é para o espírito de um indivíduo..."*

Schopenhauer enfatizava a importância de considerar o receptor da mensagem ao escrever. Ele acreditava que um texto bem escrito é aquele que respeita a atenção e o tempo do leitor, oferecendo um conteúdo valioso e recompensador. Segundo Schopenhauer, a clareza, o interesse e o envolvimento do leitor são fatores fundamentais para uma

---

[13] Filósofo alemão do século XIX

comunicação eficaz. Um autor deve buscar transmitir suas ideias de maneira clara e acessível, evitando obscuridade e linguagem desnecessariamente complicada. Ele enfatizava a importância de usar uma linguagem simples e direta, que pudesse ser facilmente compreendida pelo leitor.

Além disso, ele destacava a necessidade de fornecer informações valiosas e relevantes no texto. Ele argumentava que um texto que oferece conhecimento útil e perspicaz desperta o interesse e a atenção do leitor. Para ele, o conteúdo do texto deve ser cuidadosamente selecionado, evitando informações triviais ou repetitivas, e deve ser apresentado de forma lógica e coerente.

A perspectiva de Schopenhauer sobre a escrita ressalta a importância de considerar o receptor da mensagem ao escrever. Um texto bem escrito deve respeitar a atenção e o tempo do leitor, oferecendo um conteúdo valioso e recompensador. Isso implica em transmitir informações de maneira clara, interessante e envolvente, buscando despertar o interesse e a compreensão do leitor.

Semiótica e representação

A semiótica constitui-se como uma disciplina teórica e analítica que se dedica ao estudo sistemático dos signos e dos processos de significação. Compreendida como uma ciência transversal e interdisciplinar, ela examina os modos pelos quais os signos operam na produção de sentido, tanto em contextos linguísticos quanto extralinguísticos. Trata-se, pois, de um campo de investigação que abrange os sistemas de sinais verbais — notadamente a linguagem falada e escrita — e os não verbais, como gestos, imagens, símbolos visuais, rituais, sons e artefatos culturais. A semiótica investiga, em última instância, os modos como os seres humanos interpretam, organizam e transmitem significados no tecido complexo das práticas sociais e culturais.

Historicamente, a consolidação da semiótica como disciplina teórica deu-se a partir do pensamento de dois autores fundamentais, que desenvolveram, de maneira relativamente independente, os alicerces de abordagens distintas, mas complementares: Charles Sanders Peirce (1839–1914), filósofo, lógico e cientista norte-americano, e Ferdinand de Saussure (1857–1913), linguista suíço e considerado um dos fundadores da linguística moderna. Cada um deles propôs uma teoria dos signos que influenciou profundamente os rumos dos estudos semióticos e das ciências humanas em geral.

A Teoria Triádica de Peirce

Peirce concebeu a semiótica — termo que preferiu em relação a "semiologia", usado por Saussure — como uma lógica das representações, isto é, como parte integrante da lógica enquanto ciência normativa. Seu ponto de partida reside na definição de signo como "algo que está para alguém no lugar de algo sob algum aspecto ou capacidade". Essa definição implica uma estrutura triádica essencial, composta pelos seguintes elementos:

Representamen: é o signo em si, ou seja, aquilo que representa algo, **Objeto**: é aquilo que o signo representa. **Interpretante**: é o efeito interpretativo produzido no intérprete, ou seja, o significado que o signo adquire numa dada situação de uso. Além disso, Peirce classificou os signos em três categorias fundamentais, segundo a natureza da relação entre o signo e seu objeto: **Ícone**: signo que mantém uma semelhança ou analogia com o objeto representado. Por exemplo, um retrato ou um mapa. **Índice**: signo que mantém uma relação de contiguidade causal ou física com o objeto. Por exemplo, a fumaça como índice de fogo. **Símbolo**: signo cuja relação com o objeto é arbitrária e convencional, dependendo de regras ou hábitos culturais. A linguagem verbal é, nesse sentido, um sistema simbólico por excelência.

Segundo Peirce a semiótica se divide em: **sintaxe** é o estudo que relaciona os signos uns com os outros, **semântica** é o estudo que relaciona os signos às coisas do mundo e os padrões dos signos aos padrões correspondentes que ocorrem entre as coisas a que os signos se referem e **pragmática** é o estudo que relaciona signos aos agentes que os usam para se referir a coisas no mundo e para comunicar suas intenções sobre essas coisas a outros agentes que podem ter intenções semelhantes ou diferentes a respeito das mesmas ou diferentes coisas.

A contribuição de Peirce vai além da taxonomia dos signos; seu sistema teórico permite pensar os processos de significação como dinâmicos, interpretativos e infinitamente recursivos, por meio do que ele denominou "*semiose ilimitada*".

Níveis de representação

O triângulo de referência, também conhecido como triângulo do significado ou triângulo semiótico, é um modelo que explica a relação entre os símbolos linguísticos e os objetos ou conceitos que eles representam. Foi publicado pela primeira vez no livro "*The Meaning of Meaning*" em 1923 por Charles Kay Ogden e I.A. Richards (Ogden, et al., 1923).

O triângulo de referência consiste em três componentes:

- **O Referente ou Objeto:** Esta é a entidade ou conceito do mundo real que o símbolo ou palavra representa. Pode ser algo tangível, como um objeto, ou algo abstrato, como uma ideia ou um sentimento.

- **O Símbolo ou Palavra**: Esta é a representação linguística do referente ou objeto. Pode ser uma palavra falada ou escrita, um sinal ou qualquer outra forma de símbolo que carrega significado.

- **O Intérprete ou Sujeito**: Refere-se à pessoa ou entidade que usa ou interpreta o símbolo ou palavra para entender e se comunicar sobre o referente. Pode ser o orador, o escritor, o leitor, o ouvinte ou qualquer outro participante do processo de comunicação.

O triângulo sugere que o significado é derivado da relação entre esses três componentes. O símbolo ou palavra conecta o intérprete ao referente, permitindo que a comunicação e a compreensão ocorram. No entanto, o triângulo não implica uma correspondência direta de um para um entre o símbolo e o referente. A relação é mediada pela compreensão e interpretação do símbolo pelo intérprete.

O conceito do triângulo de referência também pode ser rastreado até filósofos anteriores. Bernard Bolzano[14] expressou uma ideia semelhante em 1810, e Aristóteles discutiu a relação entre palavras e objetos em sua obra *Peri Hermeneias* [15] no século IV aC onde discute a relação entre as palavras escritas e as experiências mentais ou pensamentos, dos quais as palavras seriam símbolos.

O triângulo de referência é relevante para o problema dos universais, que é um debate filosófico sobre a natureza de conceitos gerais ou entidades abstratas. O debate entre realistas e nominalistas, que remonta aos filósofos antigos e medievais, explora questões sobre se os conceitos universais têm uma existência objetiva ou são apenas nomes ou construções mentais. O triângulo de referência fornece uma estrutura para entender como a linguagem e os significados contribuem para esse problema filosófico.

Muitos textos posteriores apresentam um exemplo do gato, por exemplo, é possível aplicar o triângulo de significado para representar a palavra "Tom", associada a um objeto do tipo *gato*, Figura 5. O símbolo seria a própria palavra "Tom", o referente seria o gato real (o animal) e o pensamento seria o conceito mental ou entendimento associado à palavra "Tom".

---

[14] Bernard Placidus Johann Nepomuk Bolzano (Praga, 1781 — Praga, 1848) foi um padre católico, matemático, teólogo e filósofo da antiga Boémia.

[15] *De Enuntiatione* ou Da Interpretação

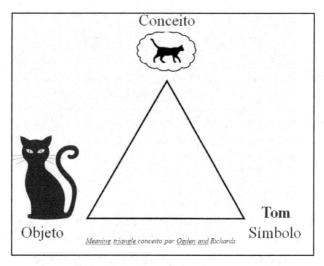

Figura 5: Representação do conceito

Vale a pena notar que o triângulo de significado é apenas um dos muitos modelos linguísticos e teorias propostas por vários estudiosos. Charles S. Peirce também contribuiu para a semiótica e o estudo dos signos. Suas teorias semióticas, que incluem o conceito de representação, podem ser aplicadas para analisar a relação entre signos, objetos e interpretantes (as representações mentais ou significados associados aos signos).

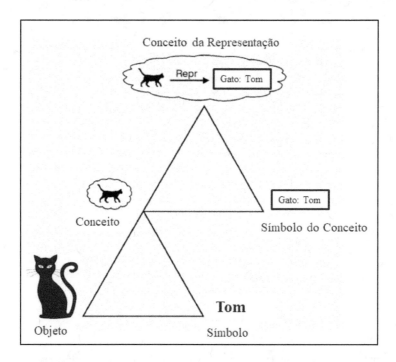

Figura 6: Triângulos semânticos segundo Peirce

Aristóteles reconheceu que os símbolos podem ser usados para representar outros símbolos. Por exemplo, ele observou que palavras escritas podem simbolizar palavras faladas. Isso significa que a escrita é um símbolo que representa o som e o significado associados à palavra falada. Friedrich Frege[16], por sua vez, argumentou que a lógica poderia ser usada como uma linguagem para falar sobre a própria lógica. Ele desenvolveu uma linguagem formal poderosa para a lógica matemática, na qual símbolos e regras são utilizados para representar e manipular conceitos lógicos.

Peirce expandiu ainda mais a compreensão dos símbolos e sua interconectividade. Ele propôs a noção de triângulos semânticos, que podem ser ligados uns aos outros de diferentes maneiras, Figura 6. Essa ideia envolve a conexão dos vértices de um triângulo com os vértices de outros triângulos, formando assim redes complexas de significados e relações simbólicas.

Essa abordagem de Peirce permite uma análise mais profunda da representação e do significado, reconhecendo que as relações simbólicas não são restritas a triângulos isolados, mas podem se estender por várias camadas de significados interconectados.

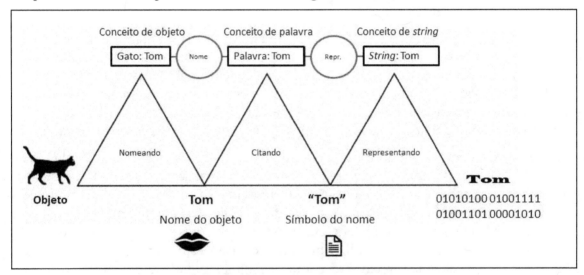

Figura 7: Triângulos semânticos segundo Peirce

A Teoria Estruturalista de Saussure

O estruturalismo é um movimento filosófico que surgiu por volta de 1920 na Europa que visa compreender as estruturas pelas quais os significados são produzidos em uma cultura. O objetivo central do estruturalismo, que é compreender as estruturas que produzem

---

[16] Friedrich Ludwig Gottlob Frege (Wismar, 1848 — Bad Kleinen, 1925) foi um matemático, lógico e filósofo alemão. Trabalhando na fronteira entre a filosofia e a matemática,

significados em uma cultura. Neste sentido Saussure mencionou as disciplinas das ciências sociais nas quais se baseia, como antropologia, sociologia e psicologia.

O início formal do estruturalismo surgiu com o trabalho de Ferdinand de Saussure no desenvolvimento do estruturalismo em seu trabalho *"Course in General Linguistics"*, publicado em 1916 (Saussure, 1974). A ênfase de Saussure na interdependência dos elementos da linguagem e a influência desta sobre o indivíduo e sua posição na sociedade é uma característica central do pensamento estruturalista. Para Saussure, os elementos da linguagem eram compreensíveis apenas em relação uns aos outros e ao sistema que a continha.

Ferdinand de Saussure, a partir de uma perspectiva mais ligada à linguística e à estrutura da linguagem verbal, propôs uma concepção dicotômica do signo linguístico, definido como a união indissociável de um significante (a forma sensível do signo, como o som ou a imagem gráfica da palavra) e um significado (o conceito ou ideia mental associado àquela forma). Essa relação é de natureza arbitrária, ou seja, não há uma ligação natural entre a palavra *"árvore"*, por exemplo, e a entidade vegetal que ela designa; a conexão é estabelecida por convenção social.

Saussure introduziu, ainda, distinções metodológicas que seriam fundamentais para o desenvolvimento posterior da linguística e da semiótica estrutural, como as noções de sintagma e paradigma, de diacronia (estudo das mudanças linguísticas ao longo do tempo) e sincronia (estudo do estado atual do sistema), e a consideração da língua (langue) como sistema social, em oposição à fala individual (parole). Para Saussure, a linguística é apenas um ramo da semiologia, esta entendida como a ciência geral dos signos em sociedade.

A ligação entre a semiótica e o estruturalismo é profunda e fundamental (Layton, 2006). Ambas são disciplinas que se concentram na análise dos sistemas de signos e símbolos para compreender a comunicação e a representação da realidade. O estruturalismo, um movimento teórico, postula que a realidade pode ser compreendida através das estruturas subjacentes que a compõem, em vez de se focar nos elementos individuais. Por outro lado, a semiótica é a disciplina que se dedica ao estudo dos signos e símbolos, explorando como são interpretados e como atribuímos significados a eles. Ambos os campos compartilham uma ênfase na análise das relações e estruturas dos signos, além do estudo da interpretação e comunicação de significados. Portanto, a semiótica e o estruturalismo oferecem perspectivas complementares na compreensão da linguagem, da comunicação e da representação da realidade por meio de sistemas de signos.

Essa perspectiva estruturalista tem implicações diretas na modelagem conceitual, ela nos estimula a definir entidades e relacionamentos não somente com base em suas características individuais, mas também levando em conta suas interações e dependências. A estruturação dos conceitos e suas relações refletem não apenas a natureza dos elementos, mas também a forma como são interpretados em um contexto específico. Além disso, a análise de textos e o estruturalismo enfatizam a influência da cultura e do contexto na interpretação de símbolos e significados. Essa consideração torna-se essencial ao modelar sistemas que envolvem a comunicação e a interpretação de informações. A adequação e eficácia de um modelo conceitual dependem da sensibilidade à diversidade cultural e contextual na representação dos elementos e suas interações.

Complementaridade e Desdobramentos

Embora partam de pressupostos filosóficos e metodológicos distintos — Peirce com uma ênfase lógico-pragmática e Saussure com uma orientação estruturalista —, suas contribuições não são excludentes, mas sim complementares. A tradição peirceana influenciou fortemente os estudos semióticos na América do Norte, a pragmática linguística e os estudos da comunicação, enquanto a linha saussuriana deu origem à escola estruturalista europeia, que teve desdobramentos importantes em autores como Roland Barthes, Algirdas Julien Greimas, Julia Kristeva e Umberto Eco.

A partir dessas duas vertentes fundadoras, a semiótica expandiu-se como campo de investigação que atravessa as fronteiras disciplinares e encontra aplicação em áreas tão diversas quanto a linguística, a filosofia, a literatura, a publicidade, o design, a análise do discurso, a antropologia, os estudos culturais e os meios de comunicação de massa. Em um mundo saturado de signos e repleto de dispositivos de mediação simbólica, o olhar semiótico revela-se crucial para compreender os processos de construção da realidade social, os mecanismos de persuasão, os jogos de poder e os regimes de visibilidade que caracterizam as sociedades contemporâneas.

Semiótica, linguagem e modelagem conceitual

A semiótica (Nöth, et al., 2021) é uma disciplina fundamental para tratar a complexidade da representação da realidade através de símbolos, especialmente por meio das palavras. Ela nos oferece as ferramentas e os conceitos necessários para analisar a interação entre os signos e seus significados, revelando como as palavras adquirem contextos e interpretações variáveis conforme a cultura, o contexto e a experiência individual. Ao nos aprofundarmos na semiótica, somos capazes de compreender não apenas a sintaxe e a gramática das palavras, mas também a profunda camada de significados subjacentes a cada símbolo linguístico. Dessa forma, a semiótica não apenas torna claros os detalhes da comunicação humana, mas também nos oferece um entendimento mais profundo sobre como a linguagem molda nossa percepção e compreensão do mundo. A semiótica é a disciplina que estuda os signos e os processos de significação. Ela é utilizada para compreender e aprimorar a comunicação em diversas áreas, incluindo linguística, publicidade, design, literatura, entre outras. A semiótica fornece um conjunto de princípios e ferramentas para a análise e representação de signos e símbolos. Isso ajuda na criação de modelos que são mais facilmente compreendidos e comunicados entre os envolvidos no projeto.

Em um artigo conceitual (Barron, et al., 1999) os autores propõem uma estrutura semiótica que consiste em 10 características que podem ser usadas para identificar as relações entre um sistema de informação e seus usuários e representar e organizar o conteúdo do sistema. Eles consideram que:

> *Os desenvolvedores de sistemas tradicionalmente avaliam sistemas de informação com foco principalmente nos aspectos técnicos, como hardware, programas aplicativos, e gestão de dados do Sistema de Informação com menos atenção dada aos aspectos sociais, pragmáticos e semânticos de todo o sistema.*

Esta consideração é fundamental para garantir que os modelos representem de forma precisa e clara os conceitos e relações no domínio em questão. A interpretação dos símbolos pode variar de acordo com o contexto cultural, experiência individual e outras influências. A semiótica oferece ferramentas para analisar e compreender essas variações, permitindo uma representação mais precisa. Além disso, a semiótica fornece uma base sólida para a integração com outras disciplinas, como a psicologia cognitiva e a linguística. Isso é especialmente relevante em projetos multidisciplinares ou que envolvem diferentes áreas de conhecimento.

A modelagem conceitual consiste em uma representação por meio de símbolos da realidade. Em um artigo, orientado para a Ciência da Informação, Shaw (Shaw, 2023) apresenta inicialmente três tradições na modelagem conceitual: (i) como mapas para a navegação em um espaço de tópicos, ou modelagem conceitual no modo de organização do conhecimento; (ii) como planos para o desenvolvimento de sistemas de informação, ou modelagem conceitual no modo de modelagem do domínio; e (iii) representações mentais processáveis automaticamente, ou modelagem conceitual no modo de representação do conhecimento. A seguir mostra que a modelagem conceitual é essencialmente uma prática construtivista. O objetivo do projeto de linguagem é apoiar a ação dentro de algum contexto. Entendido como uma linguagem, um modelo conceitual captura algumas das convenções e instituições sociais que fornece ordem em algum contexto. Não se trata de um acordo fundamental sobre a natureza da realidade, mas de um compromisso temporário, sempre sujeito a renegociação. A principal conclusão deste trabalho é a impossibilidade da criação de uma descrição de uma área de conhecimento sem que o autor possua um adequado conhecimento da área, em sistemas de informação isso implica na necessidade de contarmos com equipes multidisciplinares.

Em um artigo (A Semiotic Approach to Conceptual Modelling, 2014) são identificadas quatro relações semióticas que estabelecem e delimitam o espaço de informação, cobrindo a necessidade de raciocínio útil com princípios de forma abrangente. Considerando bancos de dados como um componente de sistemas de informação, os autores ampliaram o escopo do modelo entidade-relacionamento, de forma a englobar fatos, eventos e agentes em um método de especificação de três esquemas empregando um formalismo de programação lógica utilizando a linguagem Prolog.

Em um artigo sobre o aperfeiçoamento da modelagem através da semiótica (Conceptual modeling: enhancement through semiotics, 2017) os autores escrevem:

> *A modelagem conceitual usa linguagens para representar o mundo real. A semiótica, como teoria geral dos signos e símbolos, trata do estudo das linguagens e é composto de sintaxe, semântica e pragmática. Pragmática inclui a representação explícita das intenções dos usuários. Uma suposição comum é que todos os níveis de design de banco de dados (usuário, conceitual, lógico e físico) podem ser modelados usando a mesma linguagem. No entanto, as linguagens no nível conceitual são frequentemente aperfeiçoadas por conceitos que tentam capturar a pragmática subjacente.*

Mais adiante mostram a necessidade de expandir o horizonte da linguagem para uma modelagem adequada da realidade.

> *Embora a linguagem seja geralmente o principal veículo de modelagem, é necessária compreensão adicional para a colaboração entre as partes interessadas. A semiótica, como uma teoria geral de sinais e símbolos, trata do estudo das línguas, e poderia servir como o pano de fundo necessário. As contribuições são: propor que os modelos devem ser definidos a partir da perspectiva da semiótica e propor um conjunto adicional de restrições.*

Devemos levar em consideração que o meio pelo qual se descreve a realidade implica em interpretações diferentes. A vivência humana é naturalmente multissensorial e qualquer tentativa de representá-la é moldada pelas capacidades e limitações do meio empregado. Cada meio é restringido pelos canais que emprega. Por exemplo, mesmo na versatilidade da linguagem, "*as palavras nos falham*" ao tentar descrever certas experiências, e não temos nenhum meio convencional de transmitir o aroma ou a sensação tátil.

... acontece com a escrita em vez de falar, ou com o uso de uma palavra digitada em vez de uma caneta. Ao utilizar qualquer meio, até certo ponto servimos os seus "propósitos", bem como servindo o nosso. Quando nos envolvemos com a mídia, agimos e somos influenciados, usamos e somos usados. Onde um meio tem uma variedade de funções, pode ser impossível optar por usá-lo apenas para uma delas isoladamente. A construção de significados com tais mídias deve envolver algum grau de compromisso. A identidade completa entre qualquer propósito específico e a funcionalidade de um meio provavelmente será raro, embora o grau de correspondência possa, na maioria das ocasiões, ser aceito como adequado (Chandler, 2022).

A atividade de escrever, por exemplo, pode ser influenciada não apenas pela intenção consciente do autor e seus objetivos, mas também pelas características da plataforma utilizada - como o estilo de linguagem e as ferramentas de escrita empregadas - além dos processos sociais e psicológicos que entram em jogo durante o processo de criação.

Um fato importante é a interpretação dos termos e sua estruturação no texto.

A semiótica raramente é quantitativa e muitas vezes envolve uma rejeição de tais abordagens. Só porque um item ocorre frequentemente em um texto não o torna significativo. O semioticista estruturalista está mais preocupado com a relação dos elementos entre si. Um semioticista social também enfatizaria a importância de o significado que os leitores atribuem aos sinais dentro de um texto (Chandler, 2022).

É essencial compreender que a representação linguística carrega consigo uma representação social e ideológica do mundo real, como Saussure destacou em seus escritos.

A linguística é apenas um ramo desta ciência geral. As leis que a semiologia descobrirá serão as leis aplicáveis em linguística... No que nos diz respeito à linguística. O problema é antes de tudo semiológico... Se alguém quiser descobrir a verdadeira natureza dos sistemas linguísticos, deve primeiro considerar o que eles têm em comum com todos os outros sistemas de do mesmo tipo... Desta forma, a luz não será lançada apenas sobre o problema linguístico. Por considerar os ritos, os costumes, etc. como sinais, será possível, acredito vê-los numa nova perspectiva. Será sentida a necessidade de considerá-los como fenômenos semiológicos e de explicar eles em termos das leis da semiologia (Saussure, 1974).

A relação entre linguística e semiótica é essencial para entendermos melhor como os sistemas de comunicação funcionam entre os seres humanos. A linguística, apesar de sua grande importância, é apenas uma parte de um campo mais amplo: a semiótica. Esta, por sua vez, tem um papel importante ao identificar regras e padrões que vão além da linguagem, mas que também ajudam a explicá-la.

No centro dessa discussão está a ideia de que o problema é, acima de tudo, semiótico. Para realmente entender como os sistemas de linguagem funcionam, é preciso começar observando o que eles têm em comum com outros sistemas parecidos. Esse tipo de comparação permite descobrir padrões que se repetem, tanto na linguagem quanto em outras formas de comunicação.

Assim, ao estudarmos os pontos de contato entre linguística e semiótica, ampliamos nossa visão sobre como nos comunicamos e passamos a ver os elementos culturais como partes de um sistema. Analisar esse sistema nos ajuda não só a entender melhor a linguagem, mas também a compreender fenômenos culturais de maneira mais clara.

A Classificação

A classificação permite agrupar objetos, ideias ou seres vivos com base em suas características comuns. Ao atribuir um gênero ou espécie a algo, estamos organizando e categorizando informações de maneira mais eficiente. Isso facilita o processamento cognitivo, pois podemos lidar com grandes quantidades de dados de forma mais ordenada e sistemática.

Ao classificar as coisas, podemos identificar padrões, semelhanças e diferenças entre diferentes itens. Essa categorização nos ajuda a entender as relações entre os objetos e a fazer generalizações sobre eles. Também nos permite fazer comparações, reconhecer tendências e estabelecer conexões entre diferentes elementos.

Além disso, a classificação contribui para a nossa memória. Quando agrupamos informações em categorias, é mais fácil lembrar e recuperar essas informações posteriormente. A categorização auxilia na organização mental e na formação de associações e redes de conhecimento. Ao lembrar de um item de uma determinada categoria, podemos acessar rapidamente outras informações relacionadas a essa categoria.

No entanto, é importante reconhecer que a classificação nem sempre é uma tarefa simples. Existem casos em que a classificação não é clara ou objetiva, pois os limites entre as categorias podem ser ambíguos ou subjetivos. Além disso, algumas coisas podem apresentar características que não se enquadram facilmente em uma única categoria. Portanto, a classificação requer análise cuidadosa e flexibilidade para lidar com a complexidade e a diversidade do mundo ao nosso redor.

Vejamos, a seguir, duas considerações sobre a classificação. Gottfried Wilhelm Leibniz (1646 – 1716) em *New Essays on Human Understanding* (Leibniz, 1981) escreve:

> *A arte de classificar as coisas em gêneros e espécies não é de pouca importância e auxilia muito nosso julgamento e também nossa memória. Você sabe o quanto isso importa na botânica, sem falar nos animais e outras substâncias, ou novamente em entidades morais e nocionais, como alguns as chamam. ... Isso ajuda não apenas a reter as coisas, mas também a encontrá-las. E aqueles que estabeleceram todos os tipos de noções sob certos títulos ou categorias fizeram algo muito útil.*

Charles Sanders Peirce (1839 – 1914) na carta para o editor B. E. Smith do Century Dictionary escreve:

> *A tarefa de classificar todas as palavras da linguagem, ou o que é a mesma coisa, todas as ideias que buscam expressão, é a mais estupenda das tarefas lógicas. Qualquer pessoa, mesmo o lógico mais talentoso, pode ser abatida totalmente; e mesmo para o homem mais forte, é a tarefa mais severa possível para a sua conceitualização lógica e capacidade mental.*

Nossa percepção da realidade para a modelagem de sistemas de informação é proposicional. O conhecimento proposicional é o conhecimento de que algum objeto específico possui certas propriedades. Pode-se caracterizá-lo como um conhecimento direto, uma proposição a respeito de algo. Este conhecimento pode ser expresso em ema sentença seguindo a palavra que: "Eu sei que...". Para obtermos este conhecimento basta simplesmente à leitura de um texto, o entendimento de um livro. Isso nos obriga a uma análise abrangente e categorização precisa de cada palavra em seu contexto e significado. O processo de classificação das palavras pode ser considerado uma tarefa lógica porque requer a aplicação de princípios lógicos para identificar e agrupar as palavras com base em suas características e relações. Isso envolve a compreensão dos diferentes tipos de palavras (substantivos, verbos, adjetivos, etc.), suas funções gramaticais e seus significados em diferentes contextos.

No entanto, devido à vasta complexidade e diversidade da linguagem, essa tarefa é realmente formidável, ou seja, surpreendente em sua magnitude e dificuldade. Mesmo os lógicos mais talentosos podem se sentir sobrecarregados ao lidar com a infinidade de palavras e suas nuances como escreveu Peirce. Da mesma forma, para o homem mais forte, que aqui podemos interpretar como uma referência ao intelecto mais poderoso, essa tarefa é uma das mais severas possíveis para sua capacidade de conceitualização lógica e habilidade mental. Requer uma análise minuciosa, organização sistemática e compreensão profunda das palavras e suas relações.

É importante reconhecer que a tarefa de classificar todas as palavras da linguagem é praticamente impossível de ser alcançada em sua totalidade. A linguagem está em constante evolução, novas palavras são criadas, e as nuances semânticas podem variar dependendo do contexto e da cultura. No entanto, através do estudo contínuo e do desenvolvimento de abordagens lógicas, podemos expandir nosso conhecimento e compreensão da linguagem.

Capítulo

3

Da Realidade ao Modelo

Neste capítulo será descrito o processo da construção de um modelo a partir da percepção da realidade. Esta é a primeira apresentação deste processo e tem por objetivo a compreensão global do processo de modelagem. A modelagem científica é uma atividade cujo objetivo é tornar uma parte do mundo mais fácil de entender, definir, quantificar, visualizar ou simular representando-a pelo conhecimento existente e geralmente aceito. Este processo seleciona e identifica os aspectos relevantes de uma parcela do mundo real e desenvolve um modelo para replicar essas características. No caso dos Sistemas de Informação o objetivo é criar um modelo computacional que permita a automação de atividades em uma organização. Um modelo em engenharia de software é uma representação de conceitos e relacionamentos, restrições, regras e operações para especificar a semântica de dados e de processos para um domínio de discurso escolhido. O modelo fornece uma estrutura compartilhável, estável e organizada de requisitos de informação e processos para o contexto do domínio.

A realidade a ser modelada não é algo unidimensional, é representada em diferentes níveis de percepção e ação, como mostrado na Figura 8. A modelagem deve levar em conta diferentes níveis de abstração, desde o operacional até o executivo, a fim de representar adequadamente a realidade que está sendo estudada. Isso significa que o modelo deve levar em conta as diferentes dimensões e complexidades envolvidas em um sistema ou fenômeno.

Por exemplo, se estivermos modelando uma empresa, precisamos levar em conta tanto os processos operacionais diários quanto os processos estratégicos de planejamento executivo, a fim de entender completamente como a empresa funciona. Isso pode envolver a modelagem de diferentes sistemas dentro da empresa, como o sistema de produção, o sistema de vendas e o sistema financeiro, para citar alguns exemplos.

Além disso, é importante que o modelo seja flexível o suficiente para acomodar diferentes perspectivas e níveis de abstração, de modo que possa ser usado por diferentes *stakeholders*, como gerentes, analistas, técnicos e usuários finais. Isso exige uma abordagem multidisciplinar e colaborativa, que envolve a colaboração de diferentes áreas de conhecimento, como ciência da computação, matemática, engenharia, negócios e ciências sociais. É comum categorizar as atividades de uma empresa ou organização em três níveis: operacional, tático e estratégico.

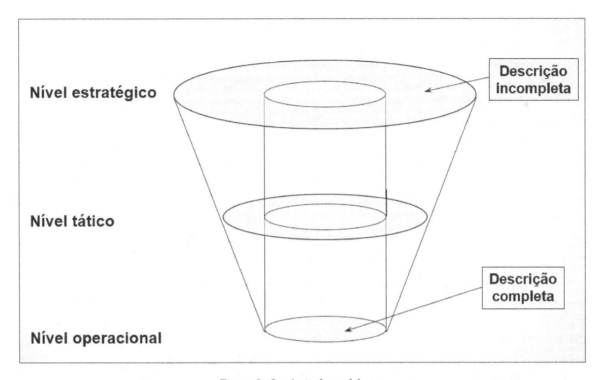

Níveis: **Nível estratégico**, **Nível tático**, **Nível operacional**; com indicações **Descrição incompleta** e **Descrição completa**

Figura 8: Os níveis da modelagem

O nível operacional é o mais baixo na hierarquia, e está relacionado com as atividades diárias da empresa, envolvendo a execução de tarefas e processos rotineiros que garantem o funcionamento da organização. É o nível em que as ações são mais imediatas e visíveis, e o horizonte de planejamento é curto, geralmente envolvendo semanas ou meses.

O nível tático está situado no meio da hierarquia, e sua função é conectar o nível operacional com o estratégico. Nesse nível, as ações são planejadas e coordenadas para alcançar objetivos de curto a médio prazo. O planejamento tático envolve a alocação de recursos e a definição de metas para diferentes áreas da empresa, visando cumprir os objetivos estratégicos.

Por fim, o nível estratégico é o mais alto na hierarquia e tem como objetivo definir a direção geral da empresa a longo prazo. É o nível em que as decisões mais importantes são tomadas, envolvendo a análise do ambiente externo, a definição de missão, visão e valores, a elaboração de planos estratégicos e a definição de investimentos em novos produtos, mercados ou tecnologias. O horizonte de planejamento no nível estratégico é de longo prazo, geralmente envolvendo anos ou décadas.

É importante ressaltar que esses níveis não são isolados e que o sucesso de um depende do sucesso do outro. O plano estratégico só é alcançado se os planos táticos forem bem-sucedidos, que por sua vez só são bem sucedidos se os planos operacionais forem executados corretamente. Portanto, é necessário haver uma comunicação e coordenação eficaz entre os níveis para que a empresa possa atingir seus objetivos de forma integrada.

Do ponto de vista da modelagem é essencial a compreensão de que cada nível possui características diferentes. No nível operacional praticamente todas as ações a serem realizadas são determinísticas, portanto, algoritmicamente representáveis. No nível tático temos ações determinísticas, principalmente a ligadas à coordenação das ações operacionais, e ações ligadas às decisões humanas, portanto menos previsíveis e algorítmicas. Finalmente no nível estratégico a maior parte das ações corresponde às decisões humanas. Nestes dois níveis superiores a modelagem conceitual deve se preocupar com as informações necessárias para a tomada de decisões.

O processo de transformação da realidade percebida em um modelo conceitual envolve várias etapas, Figura 9, primeira etapa é a representação informal, que envolve a descrição textual da realidade percebida, o estudo de documentos relacionados ao tema e a realização de entrevistas para coletar informações.

Após a representação informal, é necessário criar uma representação intermediária. Nessa etapa, geralmente são utilizados gráficos e diagramas para representar as informações coletadas anteriormente. Um exemplo de gráfico que pode ser utilizado é o modelo ER, que utiliza símbolos para representar as entidades (objetos ou conceitos) envolvidos em um sistema e as relações entre elas. Outro exemplo é o diagrama BPMN, que utiliza símbolos para representar os objetos de fluxo, objetos de conexão, raias e artefatos envolvidos em um processo de negócio.

Por fim, a representação formal é necessária para se criar um modelo conceitual completo e preciso. Essa etapa inclui a definição de elementos estruturais e de lógica, como é o caso da ontologia. A ontologia é uma representação formal que define as classes, as propriedades e as relações entre os conceitos envolvidos em um sistema. Ela permite uma representação completa e consistente do conhecimento em uma determinada área, facilitando a comunicação e a compreensão das informações envolvidas.

Em resumo, o processo de transformação da realidade percebida em um modelo conceitual envolve diferentes etapas, incluindo a representação informal, a representação intermediária e a representação formal. Cada uma dessas etapas utiliza diferentes técnicas e ferramentas para representar as informações coletadas, resultando em um modelo conceitual completo e preciso.

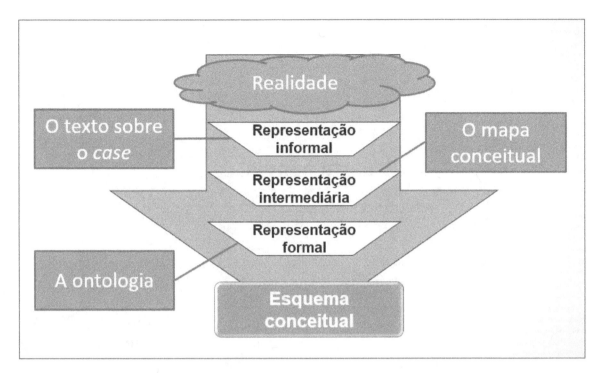

Figura 9: Descrição da realidade

O processo de representação da realidade em um modelo conceitual envolve várias etapas, Figura 9, começando pela percepção dos elementos que fazem parte do assunto que o modelo representa. Na percepção, é importante identificar todos os elementos relevantes que compõem o assunto e que serão posteriormente incluídos no modelo.

Após a percepção, a próxima etapa é a denominação. Nessa etapa, são atribuídos descritores, ou seja, palavras que identificam e descrevem cada um dos elementos identificados na etapa anterior. Esses descritores ajudam a tornar o modelo mais compreensível e fácil de ser comunicado para outras pessoas.

Em seguida, é feita a seleção dos elementos relevantes para o modelo. Nem todos os elementos identificados na etapa de percepção serão necessários para a criação do modelo conceitual, portanto, é importante selecionar apenas aqueles que são mais relevantes e que contribuem para uma representação mais completa e precisa do assunto.

Por fim, é realizada a reunião dos elementos em classes. Nessa etapa, os elementos selecionados são agrupados de acordo com suas características comuns, criando-se assim classes ou categorias de elementos. Cada uma dessas classes representa um conjunto de elementos que compartilham características similares e que, portanto, podem ser tratados de forma similar no modelo.

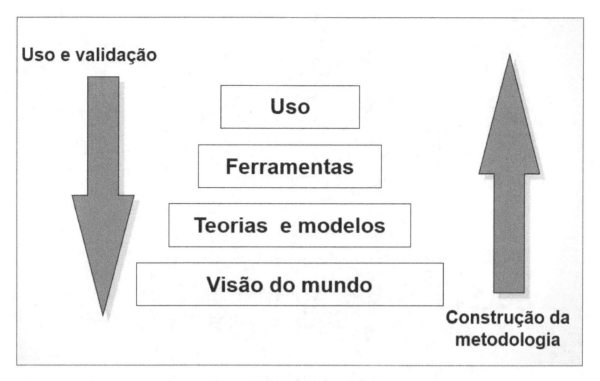

Figura 10: A pirâmide metodológica

A pirâmide metodológica é uma representação visual do processo de evolução de uma metodologia, desde a sua criação até a sua absorção, aceitação e implantação permanente na organização.

A primeira etapa da pirâmide metodológica é a percepção, que envolve a identificação dos elementos que devem entrar no modelo e sua forma de representação. É importante que essa etapa seja realizada por um grupo de pessoas que tenham conhecimento e expertise na área em questão, para que a metodologia seja construída de forma precisa e adequada.

Na segunda etapa, são desenvolvidos teorias e modelos de representação a partir da percepção realizada na etapa anterior. Nesse momento, é importante que haja um estudo aprofundado sobre a área de atuação da metodologia, para que as teorias e modelos sejam fundamentados e coerentes.

Na terceira etapa, são desenvolvidas as ferramentas baseadas nessas teorias e modelos, que serão utilizadas para aplicação prática da metodologia. Essas ferramentas devem ser pensadas para atender às necessidades e objetivos da organização, visando a maximização da eficácia e eficiência nos processos.

Por fim, as ferramentas são colocadas em uso e a metodologia é aplicada na organização. É importante que haja uma avaliação constante do modelo e das ferramentas utilizadas, para que seja possível aperfeiçoá-los e melhorar a eficácia da metodologia. O ciclo de evolução e melhoria é fundamental para garantir que a metodologia se mantenha atualizada e eficiente, e que a organização continue a alcançar seus objetivos de forma eficaz.

Garantindo a qualidade do modelo

Focando sobre o problema: O reconhecimento de que o problema está localizado no ambiente em lugar de estar localizado no sistema a ser desenvolvido concentra o foco da atenção. Para capturar o problema é necessária uma adequada compreensão da realidade e a competência para descrevê-la de uma maneira adequada. Os sistemas de informação são destinados a suportar o trabalho humano - aquela parcela o trabalho que inclui criatividade - são, por sua natureza, sistemas complexos. Esta complexidade é originária das inúmeras interações entre as pessoas e entre as pessoas e o sistema computacional. Esta interação humano-computador equivale a inclusão de caminhos alternativos em um programa (*paths*) o que cria uma enorme complexidade. A complexidade de sistemas de informação pode ser considerada como um conceito informal e subjetivo. A complexidade se manifesta na dificuldade que um problema apresenta para ser compreendido, e consequentemente para a obtenção de uma solução satisfatória. Produzir software consiste em codificar conhecimento humano em uma linguagem que pode ser executada por um computador.

O critério da replicabilidade dos resultados é de fato muito importante na avaliação de disciplinas técnicas e científicas. A capacidade de replicar um experimento, modelo ou metodologia é essencial para validar os resultados e garantir a sua precisão e confiabilidade.

Se diferentes analistas, utilizando a mesma metodologia e dados, chegarem a resultados diferentes, pode indicar problemas na metodologia utilizada, na qualidade dos dados ou na forma como a análise foi conduzida. É importante investigar as causas dessas discrepâncias e fazer os ajustes necessários para garantir que os resultados sejam replicáveis e confiáveis.

A replicabilidade dos resultados é de fato uma diferença fundamental entre o produto artesanal e o produto de engenharia. Enquanto um produto artesanal pode ser único e variar de acordo com as habilidades e idiossincrasias do artesão, um produto de engenharia deve ser construído de forma padronizada e repetível, seguindo especificações e normas técnicas bem definidas. Da mesma forma, a metodologia científica e técnica deve seguir padrões e normas para garantir a replicabilidade e a confiabilidade dos resultados obtidos.

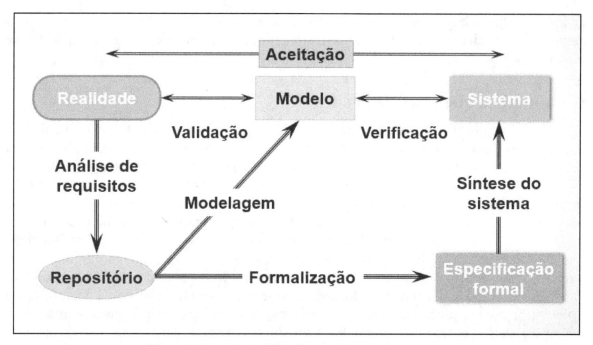

Figura 11: Engenharia para o desenvolvimento de um sistema

Produzir software é um processo complexo que envolve a tradução de conhecimento humano em uma linguagem que possa ser executada por um computador. Para garantir a replicabilidade e a confiabilidade do modelo conceitual, é fundamental seguir um modelo de engenharia de software que possibilite o desenvolvimento de sistemas de forma sistemática e organizada.

Um modelo de engenharia de software, Figura 11, pode incluir várias etapas, como análise de requisitos, projeto, implementação, testes e manutenção. Cada etapa deve ser realizada de forma cuidadosa e rigorosa, seguindo metodologias e boas práticas de engenharia de software. Isso ajuda a garantir que o software produzido seja de alta qualidade, confiável e capaz de atender às necessidades do usuário.

Além disso, é fundamental envolver o usuário no processo de desenvolvimento do software, buscando entender suas necessidades e expectativas e validando continuamente o sistema durante as etapas de teste e aceitação. Dessa forma, é possível garantir que o software produzido atenda às necessidades do usuário e seja aceito por ele.

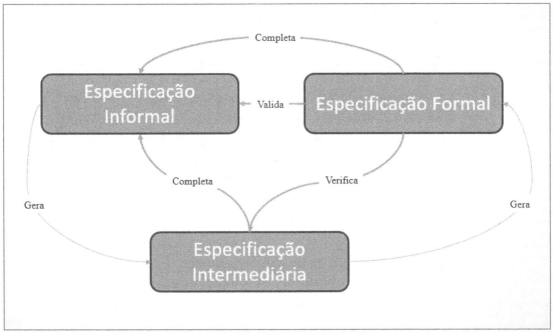

Figura 12: Relações entre especificações

Em resumo, para garantir a replicabilidade e a confiabilidade do modelo conceitual, é fundamental seguir um modelo de engenharia que possibilite o desenvolvimento de sistemas de forma organizada e sistemática, seguindo metodologias e boas práticas e envolvendo o usuário em todo o processo.

A Figura 12 ilustra as relações entre três tipos de especificações: informal, intermediária e formal. A especificação informal, geralmente expressa em linguagem natural, pode gerar uma especificação intermediária e também pode ser completada por uma especificação formal, que tem maior rigor e precisão. Por sua vez, a especificação formal pode gerar uma especificação intermediária e validar a especificação informal, conferindo-lhe maior consistência e exatidão. A especificação intermediária, que serve como elo entre os dois extremos, pode ser completada com base na especificação informal e utilizada para verificar a correspondência com a especificação formal. Essas interações demonstram um ciclo de refinamento e validação mútua, em que as três formas de especificação se complementam para garantir clareza, precisão e verificabilidade no processo de desenvolvimento de sistemas.

Estudo de caso

A incorporação de estudos de caso na pesquisa sobre modelagem conceitual e ontologias é um componente indispensável para o avanço do conhecimento e da prática nessas áreas. Seu impacto abrange desde a validação e aprimoramento das metodologias até a construção de um legado de conhecimento aplicado que influencia o desenvolvimento de novas soluções e abordagens para desafios emergentes. A importância de um estudo de caso nesse contexto pode ser destacada pelos seguintes aspectos:

Aplicação Prática e Contextualização

- Um estudo de caso permite analisar como as metodologias são aplicadas em situações reais, fornecendo insights sobre sua eficácia, limitações e desafios.
- Ele contextualiza o uso dessas tecnologias em domínios específicos, como saúde, educação ou engenharia, mostrando como elas podem auxiliar na criação de modelos conceituais e ontologias adaptados a necessidades particulares.

Avaliação de Desempenho

- Através de um estudo de caso, é possível avaliar o desempenho da modelagem em tarefas como extração de conceitos, identificação de relações semânticas e geração de estruturas ontológicas.
- Isso ajuda, no caso da IA, a entender até que ponto esses modelos podem automatizar ou aprimorar processos que tradicionalmente exigem intervenção humana.

Identificação de Limitações e Desafios

- Um estudo de caso revela as limitações dos modelos de representação como a dificuldade em lidar com ambiguidades, contextos altamente especializados ou a necessidade de grandes volumes de dados de treinamento.
- Também pode destacar desafios éticos e técnicos, como viés nos dados ou a interpretação incorreta de conceitos complexos.

Validação de Metodologias

- O estudo de caso serve para validar metodologias no processo de modelagem conceitual e ontológica.
- Ele pode demonstrar como abordagens híbridas (combinação de IA com expertise humana) podem ser mais eficazes do que o uso exclusivo de ferramentas automatizadas.

Geração de Conhecimento e Boas Práticas

- Ao documentar experiências concretas, um estudo de caso contribui para a geração de conhecimento e a identificação de boas práticas.

- Ele pode inspirar novas pesquisas e aplicações, além de fornecer diretrizes para outros profissionais e pesquisadores.

Inovação e Exploração de Novas Possibilidades

- Estudos de caso podem revelar oportunidades inovadoras para o uso de LLMs, como a geração automática de esboços de ontologias ou a sugestão de relações entre conceitos que não seriam imediatamente óbvias para humanos.

Comunicação e Disseminação de Resultados

- Estudos de caso são uma forma eficaz de comunicar resultados complexos de maneira acessível, mostrando exemplos concretos de como a IA e os LLMs podem ser utilizados.
- Isso facilita a disseminação do conhecimento para públicos diversos, incluindo acadêmicos, profissionais e tomadores de decisão.

Um estudo de caso

A seguir apresento o estudo de caso apresentado como motivação para o volume 10 dos Cadernos de Informática[17] que será utilizado ao longo deste livro.

---

[17] Cadernos de Informática – Vol. 10, n. 1 (setembro. 2018). Porto Alegre, Instituto de Informática UFRGS. ISSN 1519-132X

> *João da Silva é um engenheiro civil da cidade de Smartópolis que possui um dispositivo móvel com o aplicativo de recomendação de recursos informacionais instalado. Sua formação básica de graduação foi feita em estruturas de concreto armado e ele gostaria de aprender mais sobre estas estruturas existentes em Smartópolis, suas características e seus problemas tanto estruturais como de inserção urbanística. Durante um passeio de domingo pela cidade, João passa próximo a uma grande ponte de concreto construída há 70 anos e recebe uma recomendação para conhecê-la pessoalmente, além disso, ao chegar ao local o aplicativo apresenta informações detalhadas sobre a ponte, seu projeto, estado de conservação, e mais recentes notícias sobre problemas de inserção urbanística causada por novas demandas de trânsito. Interessado em saber mais sobre o assunto, João recebe também recomendações de livros disponíveis na web na biblioteca da Universidade local que mostram as mais recentes novidades sobre estruturas de concreto armado, seus problemas de manutenção e outras variáveis envolvidas no projeto de pontes de concreto. Também são recomendadas reportagens de jornais e revistas de atualidades que mostram os problemas que surgiram devido ao aumento de tráfego na região associado às antigas formas de acesso à ponte. Durante a semana João torna-se cada vez mais interessado no assunto, o sistema então sugere que ele assista*

A seguir são descritas as etapas e os diferentes modelos e metodologias para a geração de modelos e desenvolvimento de sistemas.

Modelos de representação

A seguir, apresentaremos os principais modelos de representação utilizados na modelagem de Sistemas de Informação, enfatizando a evolução desde abordagens estruturais até modelos conceituais mais avançados. Abordaremos modelos intermediários, como redes semânticas e lógica de descrição, que permitem representar relações mais complexas e estabelecer inferências sobre os dados.

Por fim, exploraremos as ontologias, que representam o estado da arte na modelagem semântica, proporcionando um arcabouço formal para a definição de conceitos, relações e restrições em um domínio específico. Discutiremos sua aplicação na interoperabilidade de sistemas e no aprimoramento da inteligência organizacional. O objetivo é fornecer uma visão abrangente sobre essas diferentes abordagens, demonstrando sua importância na construção de Sistemas de Informação mais expressivos, coerentes e eficazes.

A representação da realidade é um processo essencial para compreendermos e interpretarmos o mundo que nos rodeia. Através dessa representação, podemos capturar informações importantes sobre o domínio em estudo, como as relações entre seus elementos, suas características e propriedades, e as regras que governam seu funcionamento. Uma vez estudada e analisada a realidade é necessário descreve-la em uma forma clara, precisa e inteligível pelos participantes do domínio em estudo. Veremos algumas formas possíveis desta representação, Figura 13.

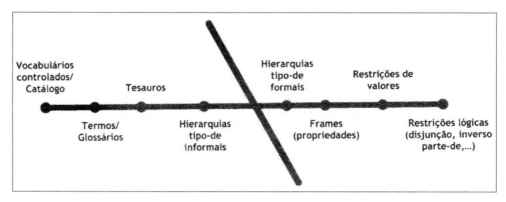

Figura 13: Categorização

Uma das primeiras etapas na representação da realidade é a sua descrição de forma clara, precisa e inteligível para os participantes do domínio em estudo. Isso pode ser feito de várias maneiras, dependendo do nível de detalhamento e precisão desejado. Abaixo, veremos algumas das formas possíveis de representação da realidade.

Vocabulários

Um vocabulário é um conjunto de termos e conceitos que representam um determinado domínio de conhecimento. Ele pode ser utilizado para organizar informações, facilitar a comunicação e padronizar significados em um contexto específico. No caso do estudo sobre João e o aplicativo de recomendação, o vocabulário a seguir lista os principais conceitos envolvidos, como:

Usuário, Engenheiro Civil, Smartópolis, Dispositivo Móvel, Aplicativo de Recomendação, Ponte de Concreto, Estruturas, Conservação, Urbanismo, Tráfego, Manutenção, Acessibilidade, Infraestrutura, Biblioteca, Livros, Notícias, Reportagens, Sustentabilidade, Planejamento Urbano, Engenharia, Tecnologia, Recomendação.

Vocabulários controlados:

Um vocabulário controlado é um conjunto estruturado de termos padronizados e previamente definidos, utilizado para descrever conceitos específicos dentro de um determinado domínio do conhecimento. Esses vocabulários são desenvolvidos com o objetivo de garantir consistência, precisão e uniformidade na comunicação, especialmente em contextos onde a organização da informação é essencial, como na indexação de documentos, recuperação de informações, modelagem de dados e construção de ontologias.

A principal vantagem do uso de um vocabulário controlado é a eliminação de ambiguidades, pois os termos são cuidadosamente selecionados e definidos para representar conceitos de maneira clara e inequívoca. Isso é particularmente relevante em áreas como biblioteconomia, ciência da informação, engenharia de software e inteligência artificial, onde diferentes palavras podem ser usadas para se referir ao mesmo conceito, ou um único termo pode ter múltiplos significados dependendo do contexto.

Além disso, vocabulários controlados são amplamente empregados em sistemas de classificação e taxonomias, permitindo a estruturação do conhecimento de forma hierárquica e relacional. Eles são a base para tesauros, ontologias e dicionários terminológicos, que auxiliam na organização e recuperação eficiente de informações em bancos de dados, repositórios digitais e mecanismos de busca.

A adoção de vocabulários controlados facilita a interoperabilidade entre sistemas e bases de dados, promovendo um entendimento comum entre diferentes áreas do conhecimento e garantindo que a troca de informações ocorra de forma estruturada e padronizada. Isso os torna ferramentas fundamentais para diversas aplicações, desde a curadoria de conteúdos acadêmicos e científicos até a gestão do conhecimento em grandes organizações e ambientes digitais.

O *Virtual International Authority File* (VIAF) combina arquivos de autoridade de nomes de bibliotecas nacionais e instituições de pesquisa do mundo todo. Os Códigos ISO 639-2 para Representação de Nomes de Idiomas fornecem códigos de duas e três letras para identificar idiomas.

Glossários

Um glossário é uma lista organizada de termos e seus respectivos significados dentro de um determinado domínio do conhecimento. Ele tem a função de esclarecer conceitos, padronizar definições e facilitar a compreensão de termos técnicos ou específicos para um público-alvo.

Os glossários são amplamente utilizados em textos acadêmicos, técnicos, científicos e institucionais, auxiliando na comunicação clara e precisa, evitando ambiguidades e garantindo a uniformidade terminológica. Eles podem variar em complexidade, desde lista simples de definições até estruturas mais elaboradas, incluindo sinônimos, relações entre termos e referências cruzadas.

Em algumas áreas, como ciência da informação e engenharia do conhecimento, os glossários podem servir como base para a construção de vocabulários controlados, taxonomias e ontologias, contribuindo para a organização e recuperação eficiente de informações.

Um exemplo de glossário é um dicionário de termos jurídicos, que define os termos técnicos usados na área do direito.

Modelo criado por IA

Um exemplo parcial de glossário para as palavras *Usuário* e *Engenheiro Civil* do estudo de caso, gerado pelo ChatGPT, seria:

- **Usuário**: Indivíduo que interage com um sistema, serviço ou tecnologia, utilizando-o para obter informações, realizar tarefas ou acessar recursos específicos. No contexto de aplicações digitais, refere-se à pessoa que utiliza um software, plataforma ou dispositivo.

- **Engenheiro Civil**: Profissional responsável pelo planejamento, projeto, construção e manutenção de infraestruturas como edifícios, pontes, rodovias, barragens e sistemas de saneamento. Atua na aplicação de princípios científicos e técnicos para garantir segurança, funcionalidade e sustentabilidade em obras civis.

Tesauros

Um tesauro é um vocabulário controlado que organiza os termos em hierarquias e relacionamentos semânticos. Eles são úteis para estabelecer relações entre os conceitos e para ajudar na recuperação de informações. Na área de medicina, o Sistema Internacional de Classificação de Doenças (CID) é um vocabulário controlado que padroniza os termos usados para descrever doenças e condições médicas com a adição de suas definições. Por exemplo, o *Thesaurus of Psychological Index Terms* é um tesauro que é usado para indexar artigos de psicologia em bases de dados.

Hierarquias

Em modelagem conceitual, especialmente no contexto da modelagem de dados e da engenharia de software, uma hierarquia de tipos com classes e subclasses representa uma estrutura de especialização e generalização entre entidades. Essa hierarquia organiza os conceitos em níveis, nos quais classes mais gerais — denominadas superclasses — ocupam os níveis superiores, e classes mais específicas — denominadas subclasses — ocupam os níveis inferiores. A principal característica dessa organização é que as subclasses herdam os atributos e relacionamentos da superclasse, podendo ainda acrescentar características próprias.

Por exemplo, considere a entidade genérica Pessoa. A partir dela, pode-se derivar as subclasses Professor e Aluno. Ambas herdam os atributos comuns de Pessoa, como nome e data de nascimento, mas também podem incluir atributos específicos, como salário para

Professor e matrícula para Aluno. Essa estrutura permite representar o domínio de forma mais precisa, reduzindo redundâncias e melhorando a clareza do modelo conceitual.

A construção dessa hierarquia pode ocorrer por dois processos: especialização, quando se parte de uma classe geral e se define subclasses mais específicas; e generalização, quando se identificam características comuns a várias classes distintas e se extrai uma superclasse que as generaliza. Além disso, essas hierarquias podem ser classificadas segundo dois critérios fundamentais: a disjunção e a cobertura. Uma hierarquia é dita disjunta quando cada instância da superclasse pertence a, no máximo, uma subclasse; e sobreposta quando uma instância pode pertencer simultaneamente a várias subclasses. Quanto à cobertura, a hierarquia é considerada completa se todas as instâncias da superclasse pertencem a alguma subclasse, ou incompleta caso contrário.

A hierarquia de tipos com classes e subclasses é um mecanismo essencial na modelagem conceitual, pois permite capturar relações de herança e variação entre entidades de forma estruturada e semântica. Essa abordagem não apenas facilita o entendimento do domínio do problema, como também estabelece uma base conceitual sólida para a posterior implementação em sistemas de informação, especialmente aqueles que utilizam o paradigma orientado a objetos ou bancos de dados com suporte a herança.

Hierarquias de tipos informais:

Uma hierarquia de tipos informais é uma estrutura organizada em que os tipos de objetos são agrupados em classes e subclasses. Eles são úteis para organizar a informação de forma hierárquica, facilitando sua compreensão e permitindo a generalização e a especialização de conceitos. Por exemplo, uma hierarquia de tipos informais pode ser usada para descrever a estrutura de uma organização, organizando os funcionários em cargos e departamentos.

Modelo criado por IA

Com base nesta definição e no texto do estudo de caso o ChatGPT gerou a seguinte hierarquia:

---

1. Pessoa
   1.1 Profissional
       1.1.1 Engenheiro
           1.1.1.1 Engenheiro Civil
               1.1.1.1.1 João
2. Dispositivo Tecnológico
   2.1 Dispositivo Móvel

2.1.1 Aplicativo

2.1.1.1 Aplicativo de Recomendação de Recursos Informacionais

3. Conhecimento Técnico

3.1 Engenharia Civil

3.1.1 Estruturas de Concreto Armado

3.1.1.1 Estruturas existentes em Smartópolis

3.1.1.2 Problemas estruturais

3.1.1.3 Inserção urbanística

4. Infraestrutura Urbana

4.1 Obras de Concreto

4.1.1 Ponte de Concreto

4.1.1.1 Ponte construída há 70 anos

5. Recursos de Informação

5.1 Informações sobre a Ponte

5.1.1 Projeto

5.1.2 Estado de Conservação

5.1.3 Problemas Urbanísticos

5.1.3.1 Novas demandas de trânsito

5.2 Recursos Educacionais

5.2.1 Livros

5.2.1.1 Disponíveis na web

5.2.1.2 Disponíveis na biblioteca da Universidade local

5.2.2 Reportagens

5.2.2.1 Jornais

5.2.2.2 Revistas de atualidades

6. Aprofundamento do Interesse

6.1 Sugestão de Conteúdo

6.1.1 Mais recomendações do aplicativo

6.1.2 Acompanhamento do interesse de João

Essa estrutura hierárquica permite visualizar os elementos principais do texto e como eles se relacionam, desde João e sua profissão até os recursos informacionais que ele acessa.

Hierarquias de tipos formais:

Uma hierarquia de tipos formais é uma estrutura organizada em que os tipos de objetos são definidos de forma matemática. Eles são úteis para especificar formalmente as relações entre os conceitos, permitindo que a lógica e a teoria formal sejam aplicadas na análise e na modelagem. Por exemplo, uma hierarquia de tipos formais pode ser usada na programação orientada a objetos, definindo classes e subclasses de objetos.

Restrições de valores e lógicas:

As restrições de valores são regras que definem quais valores são permitidos ou proibidos para uma determinada propriedade. Elas são úteis para garantir a integridade e a validade dos dados, evitando que valores inválidos sejam inseridos. Por exemplo, uma restrição de valor pode ser usada para definir que um objeto só pode ter tamanhos entre pequeno, médio e grande.

As restrições lógicas são regras que definem as relações entre os conceitos e as propriedades de um domínio. Elas são úteis para especificar as regras que governam o funcionamento do domínio e são geralmente expressas em linguagens formais, como a lógica proposicional ou a lógica de primeira ordem. Por exemplo, uma restrição lógica pode ser usada para definir que um objeto só pode ter uma cor ou tamanho específico.

Taxonomias

Uma taxonomia é uma estrutura hierárquica para classificar e organizar o conhecimento. Ela é comumente usada para organizar informações em áreas como biologia, biblioteconomia, ciência da computação, entre outras.

Reino: *Animalia*
   Filo: *Cordata*
      Subfilo: *Vertebrata*
         Classe: *Mammalia*
            Subclasse: *Theria*
               Ordem: *Primata*
                  Subordem: *Anthropoidea*
                     Família: *Hominidae*
                        Gênero: *Homo*
                           Espécie: *Sapiens*

Figura 14: Taxonomia

Na biologia, a taxonomia é usada para classificar e nomear organismos vivos com base em suas características e relacionamentos evolutivos, Figura 14. A taxonomia biológica é uma hierarquia que vai desde os grupos mais gerais (reino, filo, classe) até os mais específicos (gênero, espécie). Por exemplo, a árvore taxonômica para os mamíferos incluiria grupos como o Reino *Animalia*, o Filo *Chordata*, a Classe *Mammalia*, a Ordem *Primata* e finalmente, a espécie *Sapiens*.

A importância de uma taxonomia para organizar o conhecimento está em sua capacidade de fornecer uma estrutura clara e organizada para o armazenamento e recuperação de informações. Ela permite que as informações sejam agrupadas de acordo com sua relação com outros conceitos, facilitando a busca e recuperação de informações relevantes. Além disso, uma taxonomia bem definida ajuda a evitar a redundância e a inconsistência de informações em diferentes áreas do conhecimento.

No contexto da ciência da computação, a taxonomia é frequentemente usada para organizar dados e recursos em sistemas de gerenciamento de conteúdo, como bibliotecas digitais, bancos de dados e sistemas de informação. Uma taxonomia pode ser usada para criar esquemas de metadados que descrevem os recursos de uma coleção, tornando mais fácil encontrar e usar esses recursos. Ela fornece uma estrutura hierárquica clara e organizada para classificar e relacionar conceitos, o que pode ajudar a evitar a redundância e a inconsistência de informações em diferentes áreas do conhecimento.

Redes semânticas

Uma rede semântica é uma forma de representação de conhecimento que utiliza um gráfico de nós rotulados e arcos direcionados rotulados. Essa representação é frequentemente usada em dicionários estáticos, sistemas taxonômicos e conceituais.

No esquema de representação de rede semântica, os nós representam conceitos ou entidades, enquanto os arcos direcionados representam relações ou conexões entre esses conceitos. Cada nó e arco são rotulados para indicar seu significado. Por exemplo, um nó pode representar um animal, e um arco pode representar a relação "é um tipo de".

A rede semântica é projetada para suportar procedimentos de acesso especializados que permitem realizar raciocínio sobre o conhecimento representado. Por exemplo, a herança de valores e relacionamentos pode ser inferida a partir das relações definidas nos arcos. Isso significa que, se um objeto está relacionado a outro por uma determinada relação, ele pode herdar algumas características desse objeto.

As redes semânticas foram populares nas décadas de 1960 e 1970 como uma forma de representar conhecimento. No entanto, sua popularidade diminuiu nas décadas de 1980 e 1990, com a ascensão de outros formalismos mais expressivos, como a lógica de predicados e ontologias. Desde os anos 2000, as redes semânticas ganharam popularidade novamente com o uso de tecnologias como o RDF (*Resource Description Framework*), que permite a representação e o compartilhamento de conhecimento na Web Semântica.

Uma das razões para a popularidade das redes semânticas é a sua representação gráfica. A visualização da rede semântica como um gráfico facilita a compreensão e a análise do conhecimento representado. Os nós e os arcos podem ser representados visualmente, permitindo que os usuários identifiquem padrões, conexões e relações de maneira mais intuitiva.

Alguns conceitos:

• Uma rede semântica é um grafo irregular que possui conceitos em vértices e relações em arcos.

• Formalmente, uma rede é uma estrutura matemática que consiste em um conjunto, uma ordenação parcial, como a relação subtipo-supertipo.

• As relações podem ser *ad-hoc*, mas também podem ser bastante gerais, por exemplo, "é um", "um tipo de", "uma instância de", "parte de".

• As relações geralmente expressam propriedades de objetos (cor, comprimento, e outros atributos).

• As relações semânticas gerais ajudam a representar o significado de frases simples de maneira sistemática.

As redes semânticas desempenham um papel fundamental na representação, revisão, refinamento e compartilhamento de ontologias. As ontologias são estruturas que definem conceitos, relações e restrições em um domínio específico, e as redes semânticas fornecem uma forma visual e intuitiva de representar essas informações.

As redes semânticas são igualmente úteis nos níveis mais baixos e mais altos das ontologias. Nos níveis mais baixos, elas podem capturar os conceitos fundamentais e suas relações básicas, permitindo uma compreensão clara e concisa do domínio em questão. À medida que se avança para níveis mais altos, as redes semânticas podem ser refinadas e expandidas com a adição de novas distinções e diferenciações.

Quando uma nova distinção ou diferenciação é adicionada à rede semântica existente, ela resulta em uma nova rede que representa o refinamento da anterior. Essa abordagem iterativa permite uma evolução contínua da ontologia, permitindo que sejam feitas melhorias, correções e atualizações ao longo do tempo.

As primeiras redes semânticas foram introduzidas por Leibniz

, um filósofo e matemático, que explorou as combinações possíveis das distinções básicas do mundo. A filosofia de Leibniz, conhecida como monadologia, postula que o mundo é composto por unidades fundamentais chamadas mônadas, e essas mônadas estão interconectadas por relações predefinidas. Essa abordagem filosófica pode ser considerada um conjunto de princípios organizacionais que estabelecem uma relação de liberdade entre os diferentes elementos do mundo. A abordagem filosófica de Leibniz influenciou o desenvolvimento das redes semânticas, proporcionando uma base conceitual para a representação do conhecimento e suas relações.

Exemplos de redes semânticas

Na rede semântica simples que descreve a frase "João desenha uma folha ontem com um pincel", Figura 15: Uma rede semântica simples, cada elemento é um nó rotulado, e as setas direcionadas representam as relações entre eles. Aqui está a descrição de cada nó e relação na rede:

- O nó "*João*" representa o agente da ação. Ele está conectado ao verbo "*desenha*" através de uma seta direcionada para indicar a ação realizada por João.

- O verbo "*desenha*" denota a ação principal da frase. Ele está conectado ao agente "*João*" através de uma seta direcionada, indicando que João está realizando a ação de desenhar.

- O nó "*ontem*" representa o tempo em que a ação ocorreu. Ele está conectado ao verbo "*desenha*" através de uma seta direcionada, indicando que a ação ocorreu no passado, especificamente ontem.

- O nó "*folha*" representa o objeto do desenho. Ele está conectado ao verbo "*desenha*" através de uma seta direcionada, indicando que a ação de desenhar foi realizada em relação à folha.

- O nó "*com um pincel*" representa o instrumento utilizado por João para desenhar. Ele está conectado ao verbo "*desenha*" através de uma seta direcionada, indicando que o pincel foi usado como instrumento para realizar a ação de desenhar.

Essa rede semântica captura as principais relações semânticas presentes na frase, representando o agente, o verbo, o tempo, o objeto e o instrumento envolvidos na ação de desenhar realizada por João.

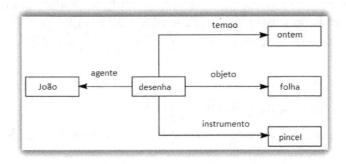

Figura 15: Uma rede semântica simples

Na rede semântica mais elaborada, Figura 16, que descreve as relações familiares e idades envolvendo João, Lia e Tom, podemos representar os elementos da seguinte forma:

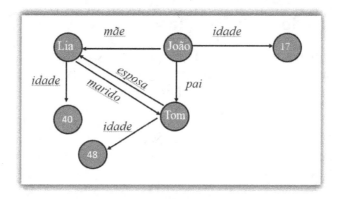

Figura 16: Uma rede mais elaborada

Nesta representação, cada nó representa uma pessoa ou uma informação específica, e as setas direcionadas representam as relações entre eles. Aqui está a descrição de cada nó e relação na rede:

- O nó "*João*" representa a pessoa chamada João.
- O nó "*Lia*" representa a pessoa chamada Lia.
- O nó "*Tom*" representa a pessoa chamada Tom.
- A relação "*filho*" conecta João e Tom, indicando que Tom é o filho de João.
- A relação "*esposa*" conecta Lia e Tom, indicando que Lia é a esposa de Tom.
- A relação "*idade*" conecta uma pessoa ao seu valor de idade correspondente.
- O valor de idade 17 está conectado a João, indicando que a idade de João é 17 anos.
- O valor de idade 40 está conectado a Lia, indicando que a idade de Lia é 40 anos.
- O valor de idade 48 está conectado a Tom, indicando que a idade de Tom é 48 anos.

Essa rede semântica representa as relações familiares e idades entre João, Lia e Tom. É possível visualizar as conexões entre os membros da família, bem como as informações de idade associadas a cada um deles.

Modelo criado por IA

Dado o seguinte comando para o ChatGPT

- Crie um grafo de uma rede semântica de alto nível focada em João com base neste texto {Estudo de caso}

Obteve-se a seguinte identificação de Entidades e Relações.

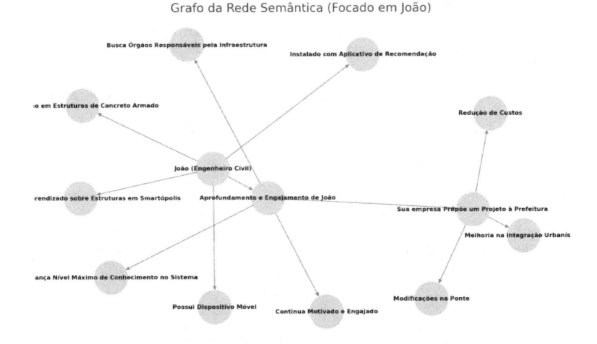

Figura 17: Rede semântica do estudo de caso focada no engenheiro

Conclusão

A rede semântica ilustra a relação entre João, seu aprendizado contínuo, os recursos informacionais recomendados, o impacto urbano das infraestruturas em Smartópolis e a aplicação prática dos conhecimentos adquiridos. O fluxo de informações destaca a integração entre tecnologia, educação e planejamento urbano, culminando na proposição de uma solução concreta para um problema real na cidade.

Frames

As redes semânticas evoluíram para as linguagens de representação de *frames* nas décadas de 1970 e 1980. As *frames* são uma forma mais estruturada de agrupar informações e são usadas para representar objetos, conceitos e outras entidades semelhantes. Em comparação com as redes semânticas, as *frames* oferecem uma estrutura mais organizada e rica em termos de representação de conhecimento. Elas são frequentemente comparadas a classes em programação orientada a objetos, mas com uma maior quantidade de metadados.

Uma *frame* consiste em um conjunto de slots, que representam as propriedades, atributos ou características de uma entidade. Cada *slot* pode ter um valor que pode ser outro frame (permitindo a representação de relações com outros objetos) ou um valor literal (como um número ou uma *string*).

Além disso, cada slot pode ter uma ou mais facetas, que representam informações adicionais sobre o *slot*. As facetas podem descrever restrições, características específicas ou regras de validação aplicáveis ao valor do slot.

As *frames* são especialmente úteis para representar estruturas hierárquicas e herança de propriedades. Elas permitem a definição de classes (*frames* genéricas) e a criação de instâncias específicas (*frames* individuais) que herdam as propriedades e características da classe.

As linguagens de representação de frames, como o *FrameKit*, o KL-ONE e o KEE, foram desenvolvidas como extensões das redes semânticas, oferecendo uma abordagem mais estruturada e formal para representar o conhecimento. Essas linguagens de representação de frames foram amplamente utilizadas em sistemas especialistas e sistemas de inteligência artificial para modelagem de domínio, raciocínio e tomada de decisão.

Nome da *frame*	Canário	
Propriedades		
	Cor	amarelo
	Selvagem	falso
	Come	grãos
	Voa	verdadeiro
	Peso	8,4 – 24 g

Figura 18: Representação do pássaro Canário

Nesse exemplo, Figura 18, a frame representa o tipo específico de pássaro "Canário". Cada *slot* dentro da *frame* corresponde a uma propriedade ou característica desse tipo de pássaro. Vamos analisar cada um dos slots:

- O slot *"Cor"* tem o valor *"Amarelo"*, indicando que os canários têm uma cor predominantemente amarela.

- O slot *"Selvagem"* tem o valor *"Falso"*, indicando que os canários não são considerados selvagens, provavelmente referindo-se à sua domesticação como animais de estimação.

- O slot *"Come"* tem o valor *"Grãos"*, indicando que a alimentação principal dos canários são os grãos.

- O *slot* *"Voa"* tem o valor *"Verdadeiro"*, indicando que os canários são capazes de voar.

- O slot *"Peso"* possui uma restrição, com um limite mínimo de 8,4 gramas e um limite máximo de 24 gramas, indicando a faixa de peso esperada para um canário.

Essa *frame* fornece informações específicas sobre as características de um canário, incluindo sua cor, se é selvagem ou domesticado, sua alimentação, sua habilidade de voo e o intervalo de peso esperado. As *frames* permitem uma representação mais estruturada e detalhada de informações, permitindo a modelagem de diferentes tipos de entidades e suas propriedades. Essa estrutura é útil para realizar raciocínio, inferências e manipulação de conhecimento em sistemas baseados em frames ou sistemas especialistas.

Frame do estudo de caso

No estudo de caso descrito, Figura 19, a criação de um *frame* cumpre a função de organizar, de maneira estruturada e semântica, o conhecimento associado ao perfil do usuário — neste caso, João, engenheiro civil residente na cidade de Smartópolis — e às interações contextuais que se estabelecem entre ele e o sistema inteligente de recomendação de recursos informacionais. O *frame*, enquanto unidade de representação do conhecimento em sistemas especialistas, é composto por diversos *slots* (campos), cada um deles correspondendo a uma característica ou propriedade relevante do cenário. No caso específico, esses *slots* podem incluir, entre outros: **profissão** (engenheiro civil), **localização geográfica** (Smartópolis), **formação acadêmica específica** (estruturas de concreto armado), **interesse temático atual** (infraestruturas urbanas históricas, com foco em pontes), **meio de interação** (aplicativo móvel com capacidades de geolocalização e recomendação), e **tipos de recursos recomendados** (monumentos físicos, obras bibliográficas digitais, reportagens jornalísticas e materiais audiovisuais).

Atributo	Valor
Tipo	Pessoa
Profissão	Engenheiro Civil
Cidade	Smartópolis
Dispositivo	Dispositivo móvel
Aplicativo instalado	Aplicativo de recomendação de recursos informacionais
Formação	Graduação em Engenharia Civil
Especialização	Estruturas de Concreto Armado
Interesses	- Estruturas de concreto armado em Smartópolis - Características dessas estruturas - Problemas estruturais - Inserção urbanística das estruturas

Atividade recente	- Passeio de domingo pela cidade
	- Passou próximo a uma ponte de concreto de 70 anos
	- Recebeu recomendação do aplicativo para conhecer a ponte
	- Chegou ao local e acessou informações detalhadas sobre:
	   - Projeto
	   - Estado de conservação
	   - Problemas de inserção urbanística
	   - Novas demandas de trânsito

Recomendações recebidas	- Livros sobre estruturas de concreto armado e manutenção - Reportagens sobre impacto do tráfego na ponte
Engajamento contínuo	- Interesse crescente no assunto ao longo da semana - Aplicativo sugere novos conteúdos para aprofundamento

Figura 19: Frame do estudo de caso

Esse conjunto de informações permite ao sistema construir um modelo cognitivo individualizado do usuário, atualizado dinamicamente a partir de suas ações, interesses e do contexto espacial-temporal em que se encontra. A ponte de concreto, com 70 anos de existência, torna-se o elemento gerador de uma cadeia de inferências realizadas pelo sistema: ao detectar a presença de João nas proximidades da estrutura, o sistema aciona o *frame* correspondente e oferece informações detalhadas sobre o histórico da obra, sua concepção estrutural, estado atual de conservação, e problemas recentes relacionados à sua inserção na malha urbana, como os impactos do crescimento do tráfego e das novas demandas de mobilidade. Em decorrência do interesse demonstrado, o sistema expande o escopo das recomendações, sugerindo fontes complementares, como livros acadêmicos disponíveis em bibliotecas digitais, artigos especializados e conteúdos jornalísticos atualizados, todos relacionados ao campo das estruturas de concreto armado e seus desafios contemporâneos de manutenção e adaptação urbana.

A partir dessa estrutura, a *frame* não apenas organiza o conhecimento, mas viabiliza inferências e decisões automatizadas por parte do sistema, permitindo que ele reconheça padrões de interesse, antecipe necessidades e promova um processo de aprendizagem contínua e contextualizada. Em síntese, a utilização de *frames* neste estudo de caso evidencia sua relevância na modelagem de domínios complexos e na personalização inteligente da informação, sendo um recurso fundamental no desenvolvimento de sistemas especialistas orientados por conhecimento, especialmente em cenários urbanos inteligentes e centrados no usuário.

Treliças

A tabela de bebidas a seguir, Figura 20, extraída e adaptada do artigo de Michael Erdmann (Formal Concept Analysis to Learn from the Sisyphus-III Material, 1998), ilustra uma situação típica em que muitas combinações não ocorrem. Algumas combinações são mutuamente exclusivas, como uma bebida alcoólica e não alcoólica. Outras combinações são improváveis, como uma bebida quente e espumante.

Conceitos	Atributos				
	não alcoólica	quente	alcoólica	cafeína	borbulhante
Infusão	X	X			
Café	X	X		X	
Água mineral	X				X
Vinho			X		
Cerveja			X		X
Cola	X			X	X
Champagne			X		X

Figura 20: Tipos de bebidas (adaptado de Erdmann1998)

Para gerar a rede mínima para classificar as bebidas da tabela acima, Erdmann aplicou o método de análise de conceito formal (FCA), desenvolvido por Bernhard Ganter e Rudolf Wille (Ganter, et al., 1996). Os atributos começam com letras minúsculas e os tipos de conceito começam com letras maiúsculas.

Nesta rede se observa que há uma ambiguidade, pois não é possível distinguir entre *Champanhe* e *Cerveja*. Isso se deve à representação feita na matriz de propriedades. Para resolver esta ambiguidade podemos realizar alguma adição de conceitos.

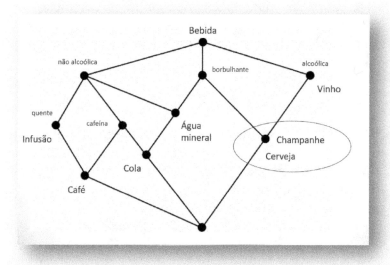

Figura 21: Treliça gerada (adaptada de Erdmann 1998)

A abordagem que você propõe para resolver a ambiguidade entre champanhe, vinho e cerveja parece ser uma forma de atribuir características distintas a cada uma delas. No entanto, é importante ressaltar que a classificação de bebidas alcoólicas é mais complexa do que apenas esses atributos. Vamos analisar as alterações:

Vinho: adicionar os atributos "*alcoólico*" e "*feito com uvas*". Isso faz sentido, pois o vinho é uma bebida alcoólica feita através da fermentação do suco de uvas.

Cerveja: usar os atributos "*borbulhante*", "*alcoólico*" e "*feito com grãos*". Enquanto a cerveja é de fato uma bebida alcoólica e é borbulhante devido ao dióxido de carbono produzido durante a fermentação, é importante notar que a maioria das cervejas é feita com grãos, como malte de cevada, trigo ou milho, em vez de uvas.

Champanhe: usar os atributos "*borbulhante*", "*alcoólico*" e "*feito com uvas*". Isso também está correto, pois o champanhe é uma variedade de vinho espumante que é produzido na região de Champagne, na França, usando uvas específicas. A Figura 22 mostra, graficamente, a resolução desta ambiguidade.

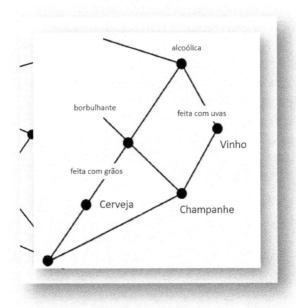

Figura 22: Resolução da ambiguidade.

Mapas conceituais

Os mapas conceituais são representações gráficas que organizam e estruturam o conhecimento de maneira visual, evidenciando as conexões entre conceitos e ideias. Criados com o propósito de facilitar a aprendizagem e a comunicação, esses diagramas são amplamente utilizados em contextos educacionais, científicos e empresariais.

Desenvolvidos inicialmente por Joseph Novak na década de 1970 (Novak, 1971), os mapas conceituais se baseiam na teoria da aprendizagem significativa de David Ausubel (Ausubel, 1963), que enfatiza a importância da estruturação do conhecimento em camadas organizadas. Em um mapa conceitual, os conceitos são dispostos em nós, enquanto as conexões entre eles são indicadas por linhas ou setas, muitas vezes acompanhadas de palavras de ligação que esclarecem a relação entre os elementos.

Além de sua aplicação na educação, os mapas conceituais são utilizados para modelagem de sistemas complexos e construção de ontologias. Por serem uma forma de rede semântica, eles permitem estruturar o conhecimento de maneira hierárquica e interconectada, possibilitando não apenas a representação de conceitos isolados, mas também a compreensão de como eles se relacionam e interagem dentro de um determinado domínio do conhecimento.

Dessa forma, mapas conceituais se tornam ferramentas poderosas tanto para a organização e visualização de informações quanto para a construção do conhecimento, auxiliando na análise, no planejamento e na comunicação eficaz de ideias.

Mapas conceituais e redes semânticas constituem ferramentas fundamentais para a representação visual de informações e das interconexões entre conceitos, tendo ampla aplicação em contextos educacionais, científicos e profissionais. Em um contexto acadêmico, os mapas conceituais são amplamente reconhecidos por sua capacidade de auxiliar na organização e visualização de informações relativas a um tema específico, promovendo a síntese e a hierarquização do conhecimento. Eles são estruturados a partir de nós (conceitos) e ligações (relações), geralmente acompanhados por rótulos que descrevem a natureza dessas conexões. Essa ferramenta é particularmente útil para facilitar processos de ensino-aprendizagem, ao permitir que os indivíduos estabeleçam relações entre diferentes ideias e conceitos de maneira clara e direta.

As redes semânticas, por outro lado, representam um nível mais complexo de representação do conhecimento, expandindo-se para além da organização de tópicos específicos. Elas se configuram como estruturas mais abrangentes e dinâmicas, capazes de modelar relações de maior profundidade e complexidade, incluindo inferências lógicas e implicações entre os conceitos inter-relacionados. Nas redes semânticas, as relações entre os conceitos podem ser classificadas em categorias específicas, como causais, associativas ou hierárquicas, o que as torna instrumentos valiosos para áreas como inteligência artificial, linguística computacional e psicologia cognitiva.

Enquanto os mapas conceituais são amplamente empregados como ferramentas de análise, síntese e visualização de informações em contextos delimitados, as redes semânticas se destacam por sua versatilidade e capacidade de representação de conhecimentos de maneira mais ampla e sofisticada, contemplando não apenas as relações explícitas, mas também as implícitas entre os conceitos. Essas ferramentas, ao serem integradas, têm o potencial de enriquecer a compreensão e a construção de saberes em múltiplos domínios do conhecimento.

Estrutura dos mapas conceituais

Os conceitos são elementos-chave nos mapas conceituais e representam as ideias principais ou as unidades de conhecimento que queremos abordar. Eles são representados por substantivos ou locuções substantivas, como *"matemática"*, *"ciência"*, *"sistema solar"* ou *"alimentação saudável"*.

As ligações são as linhas ou setas que conectam os conceitos no mapa conceitual, indicando as relações entre eles. Essas relações podem ser de diversos tipos, como *"é um"*, *"causa"*, *"é parte de"*, *"tem influência sobre"*, entre outras. As ligações são usadas para mostrar como os conceitos estão relacionados entre si. Elas são representadas por verbos ou locuções verbais.

As proposições são afirmações ou frases que descrevem as relações entre os conceitos como, por exemplo: *"a matemática é a base da ciência"*, *"a Terra orbita ao redor do Sol"* ou *"uma alimentação saudável promove a saúde"*.

Os substantivos ou locuções substantivas representam os elementos que compõem os conceitos, enquanto os verbos ou locuções verbais indicam as ações, relações ou processos que ocorrem entre os conceitos.

Em um mapa conceitual, os conceitos são organizados de forma hierárquica, com conceitos mais gerais ou abrangentes no topo e conceitos mais específicos ou detalhados abaixo. Isso permite uma visão clara da estrutura do conhecimento e das relações entre os diferentes elementos.

Os mapas conceituais são ferramentas eficazes para auxiliar na compreensão, organização e comunicação de informações complexas. Eles facilitam a identificação de conexões entre os conceitos, promovem a reflexão e o pensamento crítico, além de servirem como guias visuais para o aprendizado e a elaboração de novos conhecimentos.

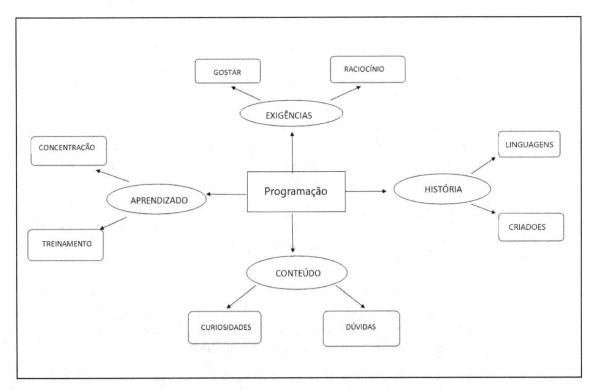

Figura 23: Mapa conceitual para estudo de programação

Esta é uma breve descrição de como usar mapas conceituais:

- **Defina o escopo do sistema**: Antes de criar um mapa conceitual, é importante delimitar o escopo do sistema que você deseja modelar.

Identifique os principais elementos e conceitos que fazem parte desse sistema.

- **Identifique os conceitos-chave**: Liste os conceitos-chave relacionados ao sistema e as relações entre eles. Os conceitos podem ser entidades, atributos, eventos ou qualquer outra coisa relevante para o sistema. Esses conceitos formarão os nós do seu mapa conceitual.

- **Estabeleça as relações**: Determine as relações entre os conceitos identificados. Essas relações podem ser hierárquicas, de causa e efeito, de associação, de dependência, entre outras. Conecte os nós no mapa conceitual usando linhas ou setas para representar essas relações.

- **Refine o mapa conceitual**: Revise e refine o mapa conceitual, assegurando que as relações entre os conceitos estejam corretas e claras. Verifique se o mapa captura adequadamente a estrutura do sistema que está sendo modelado.

- **Identifique classes e subclasses**: Com base no mapa conceitual, identifique as classes e subclasses que podem ser utilizadas na criação de uma ontologia. As classes representam grupos de indivíduos que possuem características comuns, enquanto as subclasses são subclasses de uma classe principal.

- **Defina propriedades**: Identifique as propriedades relevantes para as classes e subclasses identificadas. As propriedades descrevem as características dos indivíduos pertencentes a uma classe. Por exemplo, para a classe "*Carro*", as propriedades podem ser "*cor*", "*modelo*" e "*ano*".

- **Crie as relações entre as classes**: Com base nas relações identificadas no mapa conceitual, crie relações entre as classes e subclasses na ontologia. Essas relações podem ser de subclasse, de instanciação, de parte-todo, entre outras, dependendo do contexto do sistema.

- **Adicione restrições e axiomas**: Acrescente restrições e axiomas à ontologia, se necessário. Restrições podem ser usadas para definir limitações sobre as propriedades ou relações, enquanto axiomas são declarações lógicas que descrevem verdades sobre o sistema modelado.

- **Valide e revise o modelo**: Verifique se o modelo criado está correto e completo. Faça revisões e ajustes conforme necessário para garantir que o modelo esteja de acordo com as especificações do sistema.

Considerações

A construção de modelos é uma atividade importante em diversas áreas do conhecimento, desde as ciências naturais até as sociais e humanas. O objetivo principal é simplificar e tornar mais fácil a compreensão de um determinado fenômeno, processo ou sistema, representando-o de forma mais clara e precisa. A modelagem científica é uma atividade fundamental neste processo, pois busca representar o mundo de maneira geral e aceita por toda a comunidade. O processo de modelagem começa com a percepção da realidade, ou seja, a identificação e seleção dos aspectos relevantes do mundo que serão representados pelo modelo.

É importante lembrar que a construção de um modelo é sempre uma simplificação da realidade, e que alguns aspectos serão deixados de fora ou representados de forma mais genérica. Isso não significa que o modelo seja menos importante ou relevante, apenas que sua representação é limitada pela capacidade humana de compreensão e pelos recursos disponíveis para a sua construção.

Ao desenvolver um modelo, é importante levar em consideração os aspectos quantitativos e qualitativos do fenômeno ou processo que está sendo modelado, bem como as relações causais e as variáveis envolvidas. A modelagem pode ser feita de diversas formas, desde gráficos simples até modelos matemáticos complexos, dependendo da complexidade do fenômeno ou processo a ser representado. É possível que analistas com percepções do mundo diferentes possam concordar com as declarações uns dos outros se eles concordam sobre o que estão olhando e são capazes de reconhecer expressões externas de concordância e discordância.

É importante ressaltar que os modelos são ferramentas fundamentais para a compreensão e simulação de sistemas complexos, desde os processos naturais até os sociais e econômicos. Eles nos permitem testar hipóteses, prever comportamentos e entender as relações entre as variáveis envolvidas em um determinado processo. No domínio da Ciência da Computação e da Ciência da Informação, é possível distinguir dois grandes grupos de modelos: aqueles voltados à representação abstrata do conhecimento e aqueles orientados à prática do desenvolvimento de sistemas de informação.

Os modelos abstratos de representação do conhecimento têm como objetivo capturar e estruturar conceitos e suas relações de maneira formal e conceitual, sem compromisso direto com a implementação física em sistemas computacionais. Entre esses, destacam-se as redes semânticas, que estruturam conceitos como nós e relações semânticas como arestas, permitindo representar de modo explícito as conexões entre entidades. Esse modelo é amplamente utilizado em sistemas de inferência, recuperação da informação e construção de ontologias. As taxonomias, por sua vez, apresentam uma hierarquia classificatória que organiza o conhecimento de forma sistemática, estabelecendo relações de generalização e especialização. São aplicadas na organização de conteúdos em catálogos, bibliotecas digitais e sistemas de categorização.

Outro modelo abstrato relevante são as treliças que oferecem um formalismo poderoso para descrever as relações entre conjuntos de objetos e atributos. Essas estruturas possibilitam a extração e representação de padrões conceituais implícitos, sendo fundamentais na Análise Conceitual Formal e em técnicas de mineração de dados. Por fim, os frames associam a cada conceito não apenas atributos, mas também procedimentos ou scripts que descrevem o comportamento desses conceitos. Os frames são particularmente úteis em sistemas especialistas e aplicações que exigem representação contextualizada e dinâmica do conhecimento, como sistemas baseados em inteligência artificial.

Em contraste com esses modelos abstratos, os modelos práticos têm como foco a modelagem e implementação de sistemas de informação concretos, traduzindo abstrações conceituais em estruturas operacionais nos sistemas computacionais. O modelo relacional, proposto por Edgar F. Codd, organiza os dados em tabelas compostas por tuplas e atributos, sendo a base da maioria dos sistemas de gerenciamento de bancos de dados e suportando operações através da linguagem SQL. Já o modelo entidade-relacionamento, criado por Peter Chen, é empregado na modelagem conceitual dos dados e representa entidades do mundo real, seus atributos e os relacionamentos entre elas, facilitando a transição para modelos lógicos como o relacional.

Outro exemplo relevante é o modelo orientado a objetos, que adapta os conceitos da programação orientada a objetos para a modelagem de dados, encapsulando informações e comportamentos em estruturas denominadas objetos. Este modelo é utilizado tanto em bancos de dados orientados a objetos quanto em sistemas que demandam representação mais rica e complexa, como aplicações multimídia e sistemas CAD. Além desses, podem-se citar ainda modelos práticos como os dimensionais, empregados em *data warehouses*, e os modelos de documentos, típicos de bancos de dados NoSQL.

Importa sublinhar que, embora distintos, os modelos abstratos e os modelos práticos estão profundamente interligados. Os primeiros estabelecem os fundamentos teóricos que inspiram e orientam os segundos. As taxonomias e redes semânticas, por exemplo, informam a construção de esquemas conceituais em ontologias e em sistemas modernos de recuperação da informação. De modo análogo, os frames influenciaram diretamente o desenvolvimento dos modelos orientados a objetos, ao introduzir a noção de encapsulamento de atributos e procedimentos em uma única entidade.

Assim, observa-se que os modelos de representação do conhecimento fornecem a base para organizar e manipular conceitos, enquanto os modelos práticos possibilitam a implementação desse conhecimento em sistemas computacionais reais, aptos a armazenar, consultar e analisar dados. A integração harmoniosa entre esses dois níveis — o abstrato e o prático — constitui um dos pilares essenciais da engenharia moderna de sistemas de informação, permitindo que tais sistemas evoluam de simples repositórios de dados para instrumentos sofisticados de processamento e inferência de conhecimento.

Capítulo

4

Sistema de Informação

Um **Sistema de Informação** em uma organização é uma estrutura complexa e integrada que visa garantir o fluxo eficiente de informações necessárias para o seu funcionamento e tomada de decisões. Ele é composto por diversos elementos interconectados, cada um desempenhando um papel fundamental para assegurar a operacionalidade e o suporte às atividades organizacionais. Os principais componentes de um Sistema de Informação incluem:

1. **Coleções de Dados**: Representam fragmentos da realidade organizacional, registrados de maneira estruturada e sistemática. Esses dados são, em parte, arbitrários, pois dependem da perspectiva e dos objetivos da organização, mas são sempre operacionais, ou seja, sua utilidade está diretamente vinculada à sua aplicabilidade no contexto da organização. Esses conjuntos de dados devem ser coerentes entre si na medida do possível, garantindo a integridade e a confiabilidade da informação armazenada.

2. **Regras de Funcionamento**: Para que um Sistema de Informação represente adequadamente a estrutura e as operações da organização, é fundamental que ele seja baseado em um conjunto de regras bem definidas. Essas regras configuram o funcionamento operacional do sistema, refletindo os processos internos, as normas institucionais e os padrões que orientam a execução das atividades organizacionais.

3. **Procedimentos Operacionais**: O sistema deve prever métodos claros para aquisição, armazenamento, transformação, busca e restituição dos dados. Esses procedimentos garantem que a informação esteja disponível quando necessária, permitindo sua atualização, consulta e utilização de maneira eficiente.

4. **Recursos Humanos e Meios Técnicos**: Um Sistema de Informação não se restringe apenas a softwares e bancos de dados. Ele depende também dos indivíduos que operam, gerenciam e utilizam a informação, bem como dos meios técnicos que suportam essas operações. Dessa forma, os recursos humanos e tecnológicos são integrados em um sistema cooperante que visa otimizar os processos organizacionais e atingir os objetivos estratégicos da instituição.

Resumindo, um Sistema de Informação bem estruturado deve proporcionar um ambiente de gestão eficiente, permitindo que a organização tome decisões informadas e execute suas atividades com maior precisão e segurança. Sua implementação e manutenção exigem uma abordagem estratégica, garantindo que cada um dos seus componentes esteja alinhado com as necessidades e metas organizacionais.

A modelagem de um Sistema de Informação exige mais do que a simples organização estrutural dos dados e processos; requer a incorporação de significado para garantir uma representação fiel da realidade organizacional. Inicialmente, essa modelagem era realizada com o auxílio de ferramentas simples, como os fluxogramas, que permitiam descrever graficamente a sequência de atividades e decisões em um processo. Embora úteis, essas representações eram limitadas, pois focavam apenas no fluxo operacional, sem captar a complexidade semântica e o contexto em que os processos ocorriam. Com o tempo, percebeu-se a necessidade de enriquecer essas descrições com aspectos conceituais e contextuais, levando ao desenvolvimento de abordagens mais sofisticadas, capazes de representar não apenas o funcionamento mecânico dos sistemas, mas também os significados e as intenções subjacentes às atividades organizacionais.

A seguir, abordagens como *Data Semantics* (Data Semantics, 1974), desenvolvidas a partir da década de 1970, buscaram atribuir significado mais explícito aos dados dentro dos sistemas, indo além da representação meramente estrutural e aproximando a modelagem do contexto organizacional real. Esse movimento surgiu como uma resposta à constatação de que os modelos tradicionais — centrados na estrutura física dos dados, como os modelos hierárquico e em rede, e focados sobretudo na eficiência de armazenamento e acesso — eram insuficientes para refletir a complexidade e a riqueza semântica das organizações. Ainda nesse período, uma contribuição fundamental veio com o modelo relacional proposto por Edgar F. Codd (Codd, 1970), que introduziu uma nova forma de representar os dados baseada na teoria dos conjuntos e na lógica de predicados. O modelo relacional não apenas simplificou o acesso e a manipulação dos dados, como também propôs uma clara separação entre a estrutura lógica e a estrutura física, oferecendo uma base teórica sólida para o desenvolvimento de sistemas gerenciadores de bancos de dados (SGBD) mais flexíveis e independentes da implementação.

No entanto, embora o modelo relacional tenha sido um avanço extraordinário em termos de abstração e formalismo, ele ainda mantinha um foco nos aspectos estruturais dos dados e deixava em segundo plano os significados mais amplos do domínio organizacional. Nesse cenário, o modelo entidade-relacionamento (ER) (Chen, 1976), representou um marco importante. Ele permitiu expressar de forma mais clara as entidades do mundo real, seus atributos e os relacionamentos entre elas, promovendo uma visão mais conceitual do banco de dados. No entanto, apesar de seu valor inovador, o modelo ER ainda apresentava limitações em termos de expressividade, como na representação de regras de negócio mais complexas, e não oferecia mecanismos robustos para inferência lógica. Por isso, ao longo dos anos 1980 e 1990, surgiram extensões destes modelos, além de outras abordagens conceituais, como os modelos orientados a objetos e os baseados em ontologias, que buscavam integrar mais fortemente os aspectos semânticos, comportamentais e inferenciais na modelagem dos sistemas.

Com a necessidade de capturar relações mais ricas, surgiram modelos semânticos avançados, como redes semânticas, lógicas de descrição e, mais recentemente, as ontologias. Estas representam um avanço significativo, permitindo descrever formalmente domínios de conhecimento por meio de conceitos, relações e axiomas, viabilizando uma interpretação padronizada dos dados. Ferramentas como OWL (*Web Ontology Language*) (Bechhofer, 2004) possibilitam a criação de ontologias formais, promovendo interoperabilidade entre sistemas e garantindo que os dados sejam compreendidos e utilizados de forma coerente.

A evolução da modelagem semântica proporciona benefícios como melhor representação da realidade, maior interoperabilidade, facilidade de manutenção e capacidade de inferência automática. Assim, um Sistema de Informação moderno deve ir além da estruturação tradicional dos dados e incorporar modelos conceituais sofisticados, assegurando que a informação seja não apenas armazenada, mas efetivamente compreendida e aproveitada para a tomada de decisão e a inteligência organizacional.

Ferramentas de modelagem

A modelagem conceitual apresentou várias fases, graficamente representadas na figura a seguir.

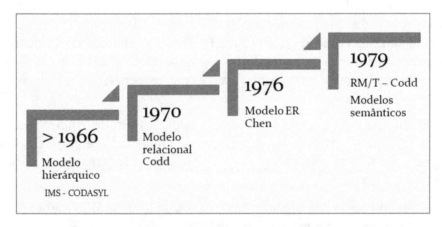

Figura 24: Início da modelagem conceitual

Chamo o período inicial de *Tempos Heroicos* pois o analista enfrentava o problema de compreender e representar a realidade com poucas ferramentas técnicas e conceituais. Tudo dependia do esforço *artesanal* para criar um modelo fidedigno do ambiente que estava sendo analisado. Após apareceram os modelos conceituais mais elaborados, o relacional, o ER, os modelos semânticos e, finalmente, as ontologias.

Em um primeiro momento a modelagem de sistemas de informação iniciava-se por um modelo gráfico, um fluxograma que representa de forma simples o sistema, programação textual do programa e um sistema de banco de dados hierárquico, Figura 25.

> *Fluxograma: é um tipo de diagrama, e pode ser entendido como uma representação esquemática de um processo ou algoritmo, muitas vezes feito através de gráficos que ilustram de forma descomplicada a transição de informações entre os elementos que o compõem, ou seja, é a sequência operacional do desenvolvimento de um processo, o qual caracteriza: o trabalho que está sendo realizado, o tempo necessário para sua realização, a distância percorrida pelos documentos, quem está realizando o trabalho e como ele flui entre os participantes deste processo (Wikipédia).*

O fluxograma, considerado o primeiro método estruturado para representar o fluxo de um processo, foi apresentado pela primeira vez por Frank Gilberth (Gilbreth, 1921). Essa apresentação, intitulada *"Process Charts – First Steps in Finding the One Best Way* onde Gilberth mostrou como os fluxogramas poderiam ser usados para organizar e visualizar processos de maneira eficiente.

Após essa importante apresentação, o fluxograma passou a ser incluído no currículo dos cursos de engenharia industrial. A ferramenta foi reconhecida como um recurso valioso para analisar e melhorar processos produtivos, contribuindo para o avanço dessa área. Poucos anos depois, no início da década de 1930, outro engenheiro industrial, Allan H. Mogensen, começou a expandir o uso do fluxograma. Ele capacitou homens de negócio a aplicar essa técnica em suas empresas, mostrando que os benefícios não estavam limitados à engenharia.

Alan B. Sterneckert (Sterneckert, 2003), em seu livro de 2003, *"Critical Incident Management"* sugeriu que os fluxogramas podem ser modelados a partir da perspectiva de diferentes grupos de usuários (como gerentes, analistas de sistemas e funcionários) e que existem quatro tipos gerais:

- Fluxogramas de documentos, mostrando controles sobre um fluxo de documentos por meio de um sistema
- Fluxogramas de dados, mostrando controles sobre um fluxo de dados em um sistema
- Fluxogramas do sistema, mostrando controles em nível físico ou de recursos
- Fluxograma do programa, mostrando os controles em um programa dentro de um sistema

Com o tempo, essa ferramenta também se mostrou essencial na modelagem de sistemas de informação para organizações. No passado, o desenvolvimento desses sistemas iniciava com a criação de fluxogramas que representavam, de forma simplificada, o funcionamento do sistema. Essa abordagem destacava a eficiência do fluxograma em visualizar e planejar processos, consolidando-o como uma metodologia indispensável para a estruturação e análise de sistemas organizacionais.

O *American National Standards Institute* (ANSI) estabeleceu padrões para fluxogramas e seus símbolos na década de 1960. A *International Organization for Standardization* (ISO) adotou os símbolos ANSI em 1970. O padrão atual, ISO 5807, foi publicado em 1985 e revisado pela última vez em 2019 [18].

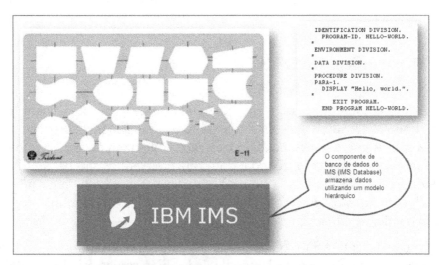

Figura 25: Modelagem conceitual – o início

Naquela época, as ferramentas de modelagem disponíveis eram bastante limitadas, e os profissionais de Tecnologia da Informação (TI) dependiam fortemente de métodos manuais para criar e documentar sistemas. A edição de fluxogramas era feita em papel milimetrado ou com o auxílio de pranchetas, exigindo cuidado e precisão no desenho das sequências de processos. Paralelamente, a documentação do contexto do sistema era redigida de forma textual, muitas vezes de maneira informal e sem padronização, o que dificultava a comunicação entre analistas, desenvolvedores e usuários. Não havia ainda ambientes integrados de modelagem ou ferramentas automatizadas — o trabalho era essencialmente artesanal, exigindo dos profissionais não apenas domínio técnico, mas também clareza conceitual para organizar e transmitir o conhecimento de forma compreensível. Essa limitação das ferramentas refletia o próprio estágio de maturidade da área, ainda em busca de fundamentos teóricos mais sólidos e de práticas sistematizadas que dessem conta da complexidade crescente dos sistemas de informação nas organizações. A

---

[18] https://www.iso.org/standard/11955.html

valorização da clareza, da documentação rigorosa e da representação gráfica bem elaborada constituía, desde então, uma base essencial para a boa engenharia de sistemas.

Para representar a estrutura do banco de dados, a edição textual era uma técnica comum. Na época, o banco de dados mais utilizado era o IBM, IMS (McGee, 1977), e eram criados esquemas em texto simples para descrever as tabelas, campos e relacionamentos do banco de dados. Para programar o sistema, os profissionais de TI utilizavam linguagens de programação, o COBOL[19] para uso comercial e o FORTRAN (Reid) para aplicações técnicas e científicas, que eram escritas em editores de texto simples. Os fluxogramas eram usados para guiar a lógica do programa, mas a maior parte do trabalho era feita em um editor de texto, e o programa era compilado em um compilador específico para a linguagem de programação utilizada.

O modelo hierárquico, CODASYL

O modelo hierárquico de banco de dados é uma estrutura de dados que organiza as informações em uma hierarquia, de forma que cada nó da hierarquia possa ter vários nós filhos. Este modelo foi derivado diretamente das aplicações anteriores baseadas em arquivos. Essa estrutura é também conhecida como modelo em árvore, já que se assemelha a uma árvore invertida, em que o tronco é o nó raiz e os galhos são os nós filhos. Cada nó pode ter um ou mais filhos, mas cada filho só pode ter um pai. Essa hierarquia é usada para representar relacionamentos entre entidades, e este modelo hierárquico foi amplamente utilizado em bancos de dados.

A definição da CODASYL (*Conference on Data Systems Languages*) (Taylor, et al., 1976) é um padrão de modelagem de banco de dados hierárquico criado em 1969. O padrão CODASYL descreve como os dados devem ser organizados em um banco de dados hierárquico, definindo as estruturas de dados que são usadas para armazenar e recuperar informações. O padrão CODASYL é baseado em uma linguagem de programação chamada COBOL, que era comum nos anos 60 e 70.

O sistema IMS (*Information Management System*) da IBM, IMS (McGee, 1977), é um sistema de gerenciamento de banco de dados hierárquico que foi desenvolvido na década de 1960 para o sistema operacional IBM OS/360. O IMS foi criado para processar grandes volumes de transações em tempo real e para fornecer uma plataforma para o desenvolvimento de aplicativos de negócios.

O IMS é composto por vários componentes, incluindo o banco de dados hierárquico, o sistema de processamento de transações e o sistema de gerenciamento de recursos. O banco de dados IMS é baseado no padrão CODASYL e é projetado para lidar com grandes volumes de dados e para suportar operações complexas de acesso a dados, como navegação por árvore e pesquisa de índices. O IMS ainda é usado hoje em muitas empresas,

---

[19] a linguagem de programação COBOL é mantida pelo Comitê Técnico ANSI X3J4. Este comitê é responsável por definir e manter a norma ANSI para a linguagem COBOL, assegurando a sua evolução e compatibilidade.

especialmente em ambientes *mainframes*, embora tenha sido amplamente substituído por sistemas de banco de dados relacionais em outras plataformas.

Uma das principais vantagens do IMS/VM é sua capacidade de escalar e lidar com altas cargas de trabalho. Como é executado em um ambiente virtualizado, vários sistemas IMS/VM podem ser executados simultaneamente em uma única máquina física, aproveitando ao máximo os recursos disponíveis.

Modelos de Banco de Dados Hierárquico e em Rede

No desenvolvimento histórico dos sistemas de gerenciamento de bancos de dados (SGBDs), os modelos **hierárquicos** e **em rede** representaram as primeiras tentativas estruturadas de organização e acesso eficiente a grandes volumes de dados. Ambos pertencem à chamada **classe dos modelos navegacionais**, por se basearem na navegação explícita entre registros interconectados, a partir de caminhos pré-definidos.

Modelo Hierárquico

O modelo hierárquico foi um dos primeiros paradigmas formais para organização de dados, notadamente implementado no sistema IMS (*Information Management System*) da IBM na década de 1960. Nesse modelo, os dados são organizados em uma estrutura de árvore, com um único registro raiz e registros filhos dispostos em níveis subsequentes.

Cada registro possui apenas um pai (ou seja, há uma relação 1:n entre registros de diferentes níveis), o que implica em forte rigidez estrutural. Essa configuração exige que o acesso a qualquer informação ocorra por meio de um caminho bem definido desde a raiz, caracterizando uma navegação obrigatória pela hierarquia. Por exemplo, para acessar um registro folha, o sistema precisa seguir a sequência de ligações desde o nível superior até o destino final.

Apesar de sua eficiência em aplicações com estruturas rigidamente definidas, como catálogos de produtos ou organogramas, o modelo hierárquico apresenta sérias limitações quanto à flexibilidade e à representação de relacionamentos complexos, como relações muitos-para-muitos (n:m), que não são diretamente suportadas.

Modelo em Rede

O modelo em rede surge como uma evolução do modelo hierárquico, superando algumas de suas limitações estruturais. Formalizado pela CODASYL no final da década de 1960, esse modelo permite que um mesmo registro filho esteja associado a múltiplos registros pais, o que viabiliza a representação direta de relacionamentos N:M.

A estrutura básica do modelo em rede é constituída por registros e conjuntos (*sets*). Cada conjunto define uma associação entre dois tipos de registros: dono (*owner*) e membro (*member*). A navegação no banco de dados ocorre por meio de ponteiros físicos ou lógicos que interligam registros dentro desses conjuntos. Tal como no modelo hierárquico, o acesso aos dados exige a exploração manual dos caminhos de ligação, ou seja, os programas de aplicação devem conhecer os caminhos de acesso e controlar explicitamente a movimentação entre os registros.

Embora mais flexível que o modelo hierárquico, o modelo em rede também compartilha com este o paradigma navegacional, exigindo que o programador especifique o percurso detalhado para a recuperação dos dados. Tal característica implica uma forte dependência entre os programas de aplicação e a estrutura física dos dados, tornando as aplicações menos adaptáveis a mudanças no esquema do banco de dados.

A Natureza Navegacional

Tanto o modelo hierárquico quanto o modelo em rede baseiam-se na ideia de que o acesso aos dados depende da navegação por estruturas previamente definidas. Em vez de declarar "o que" se deseja consultar como nos modelos relacionais baseados em linguagens declarativas (e.g., SQL), os modelos navegacionais exigem que se indique "como" chegar aos dados.

Essa abordagem traz vantagens de desempenho em contextos bem estruturados e de alta previsibilidade, mas impõe elevada complexidade ao desenvolvimento e à manutenção de aplicações, além de dificultar a independência entre dados e programas — princípio que viria a ser valorizado posteriormente nos modelos relacionais.

Esquema conceitual – ANSI/X3/SPARC

O *American National Standards Institute* (ANSI) é uma entidade privada, sem fins lucrativos, com papel central na promoção de padrões consensuais nos Estados Unidos, abrangendo produtos, serviços, processos, sistemas e qualificação profissional. No campo dos sistemas de gerenciamento de bancos de dados, uma das contribuições mais duradouras do ANSI foi a formulação, em conjunto com o comitê X3, do modelo de arquitetura de banco de dados conhecido como modelo ANSI/X3/SPARC, proposto inicialmente por Tsichritzis e Klug (Tsichritzis, et al., 1978)).

O modelo ANSI/X3/SPARC introduziu uma arquitetura em três níveis para a organização de sistemas de banco de dados, com o objetivo de estabelecer uma clara separação entre as diferentes visões dos dados — uma proposta que respondia à crescente complexidade dos sistemas de informação na década de 1970. Essa arquitetura visava resolver, sobretudo, dois problemas centrais: a independência de dados (tanto lógica quanto física) e a flexibilidade no acesso aos dados por diferentes tipos de usuários.

Os três níveis da arquitetura são:

- **Nível Externo** (ou Visão do Usuário):
    - Este nível descreve a forma como os dados são vistos por usuários individuais ou por aplicações específicas. Cada usuário pode ter uma

visão personalizada dos dados, adequada às suas necessidades, o que permite, por exemplo, ocultar informações irrelevantes ou sensíveis. Essa camada estabelece uma abstração que garante a segurança e a simplicidade no acesso.

- **Nível Conceitual** (ou Esquema Conceitual):
  - o Representa uma visão lógica global do banco de dados, abrangendo toda a estrutura de dados da organização, suas entidades, atributos, relacionamentos e restrições. Essa camada é independente das particularidades de implementação física e define o que é armazenado no banco de dados e como os dados estão logicamente relacionados.

- **Nível Interno** (ou Físico):
  - o Este nível trata da organização física dos dados no sistema de armazenamento, incluindo estruturas de indexação, métodos de acesso, caminhos de armazenamento e compactação. Ele é projetado para otimizar a eficiência de desempenho e garantir a integridade dos dados em nível físico.

Essa segmentação em níveis permite que mudanças em um deles (por exemplo, uma alteração na forma de armazenamento físico) não afetem os demais, desde que as interfaces apropriadas sejam mantidas. Esse princípio é a base do que se conhece como independência de dados física e lógica — um dos maiores avanços teóricos e práticos introduzidos pelo modelo ANSI/X3/SPARC.

Ao longo do tempo, essa arquitetura serviu como fundamento para o desenvolvimento de sistemas de gerenciamento de banco de dados relacionais, permanecendo até hoje como uma referência conceitual essencial no ensino e na prática da modelagem de dados. Apesar de sua natureza conceitual, os princípios do modelo permanecem atuais, pois oferecem uma abordagem robusta para a organização e governança da informação em sistemas de dados complexos.

O modelo relacional – Codd

O modelo de banco de dados relacional é uma estrutura de dados que organiza as informações em tabelas, onde cada linha representa uma instância de um objeto e cada coluna representa um atributo desse objeto. Essas tabelas são relacionadas umas às outras por meio de chaves estrangeiras, que permitem a criação de relações entre os dados armazenados em diferentes tabelas.

O modelo relacional foi proposto por Edgar F. Codd em 1970, enquanto trabalhava na IBM Research. Codd apresentou seu modelo em um artigo intitulado "*A Relational Model of Data for Large Shared Data Banks*" (Codd, 1970), no qual ele descreveu como as informações poderiam ser armazenadas em tabelas relacionais em vez de arquivos hierárquicos ou em rede. O modelo relacional foi uma inovação significativa, pois permitia que os dados fossem armazenados e recuperados de forma mais eficiente e flexível do que os modelos de banco de dados anteriores.

O modelo relacional foi adotado pela indústria de tecnologia e se tornou o padrão para o gerenciamento de dados. O DB2 é um sistema de gerenciamento de banco de dados relacional (RDBMS) desenvolvido pela IBM. Foi lançado em 1983 como um produto para mainframes IBM, e mais tarde foi portado para outras plataformas. O DB2 foi o primeiro RDBMS comercialmente disponível a suportar o modelo relacional de Edgar F. Codd. Empresas como Oracle, IBM, Microsoft e MySQL desenvolveram sistemas de gerenciamento de banco de dados baseados no modelo relacional, que se tornaram os mais populares do mercado.

O modelo relacional tornou-se tão popular porque é altamente flexível e escalável. Ele permite que os dados sejam armazenados e consultados de maneira estruturada e eficiente, e também permite que os dados sejam facilmente atualizados e modificados. Além disso, o modelo relacional é independente do hardware e do software, o que significa que os sistemas de banco de dados podem ser implementados em diferentes plataformas.

Mais próximo dos sistemas de informação os esquemas de banco de dados, Figura 26, permitem uma representação mais rigorosa da realidade com restrições de valores. As restrições de valores são regras aplicadas em um banco de dados para garantir que somente valores válidos sejam inseridos ou atualizados em determinada propriedade. Elas ajudam a manter a integridade dos dados e a prevenir erros ou inconsistências nas informações armazenadas.

Algumas das restrições de valores mais comuns em bancos de dados incluem:

- NOT NULL: esta restrição impede que um valor nulo seja inserido em uma coluna. Ela é comumente aplicada a colunas que não podem ter valores em branco ou vazios.

- UNIQUE: esta restrição impede a inserção de valores duplicados em uma coluna. Ela é comumente usada para garantir que um valor específico seja único em uma tabela, como um endereço de e-mail ou um número de identificação.

- PRIMARY KEY: esta restrição é usada para definir uma coluna como chave primária da tabela. A chave primária é um valor único que identifica cada registro na tabela e é usada para fazer associações com outras tabelas usando uma *foreign key*.

- FOREIGN KEY: esta restrição é usada para criar associações entre tabelas. Ela define uma relação entre duas tabelas, onde a coluna com a *foreign key* em uma tabela se refere à coluna da chave primária em outra tabela.

Ao definir restrições de valores em um banco de dados, é possível garantir a validade e a integridade dos dados, além de permitir associações semânticas entre diferentes entidades. As restrições de valores também facilitam a manipulação dos dados em consultas, filtrando e ordenando informações de acordo com os valores permitidos para cada propriedade.

```
CREATE TABLE aluno (
        id INT PRIMARY KEY,
        nome VARCHAR(255),
        data_nascimento DATE,
        email VARCHAR (255),
        curso_id INT,
        FOREINGN KEY (curso_id) REFERENCES Curso(id)
);
```

Figura 26: Um esquema de banco de dados

Este esquema cria uma tabela chamada "*Aluno*" com as colunas propostas para uma tabela de alunos em um banco de dados. Aqui está uma explicação de cada uma delas:

- **id**: Essa coluna representa a chave primária única para cada aluno. Ela é usada para identificar de forma exclusiva cada registro na tabela de alunos.

- **nome**: Essa coluna armazena o nome do aluno. É uma coluna de texto com limite de 255 caracteres, permitindo que o nome completo do aluno seja armazenado.

- **data_nascimento**: Essa coluna registra a data de nascimento do aluno. Ela é usada para armazenar informações sobre a idade do aluno e também pode ser útil para cálculos relacionados à idade.

- **email**: Essa coluna armazena o endereço de e-mail do aluno. É uma coluna de texto com limite de 255 caracteres, permitindo armazenar endereços de e-mail relativamente longos.

- **curso_id**: Essa coluna é uma chave estrangeira que se refere à tabela "*Curso*". Ela é usada para associar cada aluno a um curso específico. Isso permite estabelecer uma relação entre as tabelas *"Aluno"* e *"Curso"* usando o identificador do curso como referência.

Essas colunas formam a estrutura básica para uma tabela de alunos em um banco de dados. Elas permitem armazenar informações relevantes sobre cada aluno, como nome, data de nascimento, endereço de e-mail e o curso ao qual o aluno está associado. Com essas informações, é possível realizar consultas e análises sobre os alunos em um sistema de gerenciamento acadêmico.

Modelo criado por IA

No estudo de caso e submetendo o texto ao ChatGPT foi gerado o seguinte modelo relacional:

Tabela: Usuario

Campo	Tipo de Dados	Chave	Restrições
usuario_id	INTEGER	PK	NOT NULL, UNIQUE
nome	VARCHAR(100)		NOT NULL
profissao	VARCHAR(100)		
cidade	VARCHAR(100)		
dispositivo_id	INTEGER	FK	REFERENCIA Dispositivo

Tabela: Dispositivo

Campo	Tipo de Dados	Chave	Restrições
dispositivo_id	INTEGER	PK	NOT NULL, UNIQUE
tipo	VARCHAR(50)		
sistema_operacional	VARCHAR(50)		

Tabela: Estrutura

Campo	Tipo de Dados	Chave	Restrições
estrutura_id	INTEGER	PK	NOT NULL, UNIQUE
nome	VARCHAR(100)		NOT NULL
tipo	VARCHAR(50)		
localizacao	VARCHAR(200)		
ano_construcao	INTEGER		
descricao	TEXT		

Tabela: Projeto

Campo	Tipo de Dados	Chave	Restrições
projeto_id	INTEGER	PK	NOT NULL, UNIQUE

Campo	Tipo de Dados	Chave	Restrições
estrutura_id	INTEGER	FK	REFERENCIA Estrutura
detalhes	TEXT		
estado_conservacao	VARCHAR(100)		

Tabela: Problema

Campo	Tipo de Dados	Chave	Restrições
problema_id	INTEGER	PK	NOT NULL, UNIQUE
estrutura_id	INTEGER	FK	REFERENCIA Estrutura
descricao	TEXT		
tipo_problema	VARCHAR(50)		
data_registro	DATE		

Tabela: Recurso

Campo	Tipo de Dados	Chave	Restrições
recurso_id	INTEGER	PK	NOT NULL, UNIQUE
tipo_recurso	VARCHAR(50)		
titulo	VARCHAR(200)		
fonte	VARCHAR(200)		
url	VARCHAR(300)		
data_publicacao	DATE		

Tabela: Biblioteca

Campo	Tipo de Dados	Chave	Restrições
biblioteca_id	INTEGER	PK	NOT NULL, UNIQUE
nome	VARCHAR(100)		NOT NULL
url	VARCHAR(200)		

Tabela: RecursoBiblioteca

Campo	Tipo de Dados	Chave	Restrições
recurso_id	INTEGER	PK, FK	REFERENCIA Recurso
biblioteca_id	INTEGER	FK	REFERENCIA Biblioteca

Tabela: Recomendacao

Campo	Tipo de Dados	Chave	Restrições
recomendacao_id	INTEGER	PK	NOT NULL, UNIQUE
usuario_id	INTEGER	FK	REFERENCIA Usuario
estrutura_id	INTEGER	FK	REFERENCIA Estrutura (opcional)
recurso_id	INTEGER	FK	REFERENCIA Recurso (opcional)

Campo	Tipo de Dados	Chave Restrições
data_recomendacao	DATE	
tipo_recomendacao	VARCHAR(50)	

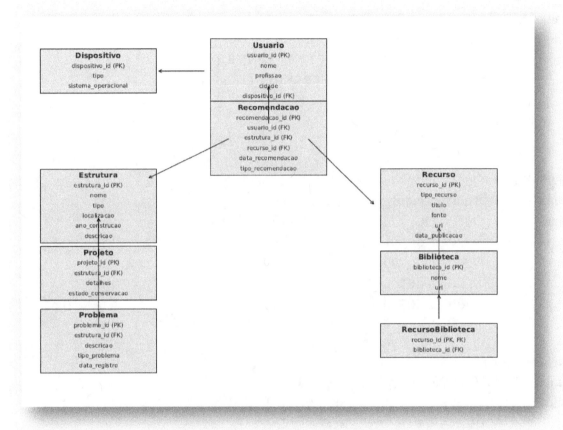

Figura 27: Modelo relacional criado por IA

Modelo ER – Chen

O modelo Entidade-Relacionamento (ER) é uma técnica de modelagem de dados proposta por Peter Chen em 1976. Peter Chen propõe o modelo Entidade-Relacionamento em um artigo intitulado *"The Entity-Relationship Model - Toward a Unified View of Data"* (Chen, 1976). O modelo é apresentado como uma técnica para modelar dados em um nível conceitual, permitindo que os projetistas de banco de dados descrevam as entidades (objetos do mundo real) e seus relacionamentos.

O modelo ER é composto por três principais componentes: entidades, atributos e relacionamentos. As entidades representam os objetos do mundo real que precisam ser armazenados no banco de dados, como pessoas, lugares, coisas, conceitos etc. Os atributos são as características que descrevem as entidades, como nome, endereço, idade, cor etc. Já os relacionamentos descrevem as conexões entre as entidades, como *"trabalha para"*, *"mora em"*, *"é pai de"*, *"é amigo de"* etc.

Entidades são objetos do mundo real que precisam ser armazenados no banco de dados, como pessoas, lugares, coisas, conceitos etc. Cada entidade é representada por um retângulo contendo seu nome. Por exemplo, uma entidade "cliente" pode ser representada pelo retângulo "cliente". Cada relacionamento é representado por um losango conectando as entidades envolvidas. O nome do relacionamento é escrito dentro do losango. Por exemplo, um relacionamento *"faz pedido para"* pode ser representado pelo losango conectando as entidades *"cliente"* e *"pedido"*, com o nome *"faz pedido para"* escrito dentro do losango.

O modelo ER permite que os projetistas de banco de dados descrevam as informações que precisam ser armazenadas no banco de dados de uma forma intuitiva e fácil de entender. Além disso, ele ajuda a identificar as restrições de integridade dos dados, como chaves primárias, chaves estrangeiras e restrições de unicidade.

Desde sua criação, o modelo ER tem sido amplamente utilizado na modelagem de dados em sistemas de banco de dados. Ele é ensinado em cursos de graduação e pós-graduação em ciência da computação, sistemas de informação e engenharia de software. Além disso, várias ferramentas de modelagem de dados comerciais e de código aberto suportam o modelo ER. Hoje tornou-se um dos modelos de dados mais utilizados para projetar sistemas de banco de dados.

Modelo criado por IA

Dado o seguinte comando para o ChatGPT

- Crie um modelo ER para a rede semântica usando este texto {Estudo de caso}

Obteve-se o seguinte modelo de Entidades e Relações, a seguir foi solicitada a representação visual.

Modelo Entidade-Relacionamento (ER)

Entidades e seus Atributos:

1. **Usuário (João)**
   o ID_Usuário (PK)
   o Nome

- o Profissão
- o Formação
- o Interesse

2. **Dispositivo Móvel**

   - o ID_Dispositivo (PK)
   - o Tipo
   - o Sistema Operacional

3. **Aplicativo de Recomendação**

   - o ID_Aplicativo (PK)
   - o Nome
   - o Versão
   - o Funcionalidade

4. **Cidade (Smartópolis)**

   - o ID_Cidade (PK)
   - o Nome
   - o População
   - o Infraestrutura

5. **Ponte de Concreto**

   - o ID_Ponte (PK)
   - o Nome
   - o Idade
   - o Estado de Conservação
   - o Problemas Urbanísticos

6. **Recurso Informacional**

   - o ID_Recurso (PK)
   - o Tipo (Livro, Reportagem, Documentário, Minicurso)
   - o Fonte
   - o Disponibilidade

7. **Biblioteca Universitária**

   - o ID_Biblioteca (PK)
   - o Nome
   - o Localização

8. **Órgão Responsável**

   - o ID_Órgão (PK)

- o Nome
- o Setor

9. **Empresa de João**

- o ID_Empresa (PK)
- o Nome
- o Área de Atuação

10. **Prefeitura**

- o ID_Prefeitura (PK)
- o Nome

Relacionamentos:

1. **Usuário utiliza Dispositivo Móvel** (1:N)

2. **Usuário acessa Aplicativo de Recomendação** (1:N)

3. **Aplicativo recomenda Ponte de Concreto** (N:M)

4. **Aplicativo recomenda Recurso Informacional** (N:M)

5. **Recurso Informacional está na Biblioteca Universitária** (N:M)

6. **Usuário consulta Órgão Responsável** (N:M)

7. **Empresa de João propõe Projeto para Prefeitura** (1:N)

8. **Ponte de Concreto pertence à Cidade** (1:N)

9. **Prefeitura gerencia Infraestrutura da Cidade** (1:N)

Este modelo ER estrutura as interações entre João, os sistemas informacionais, as infraestruturas urbanas e as entidades administrativas.

Representação gráfica

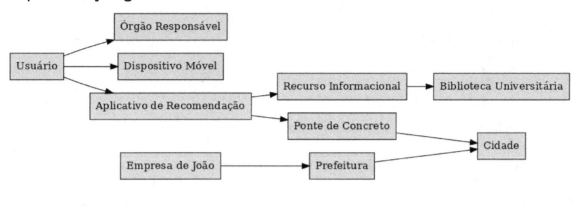

Modelos semânticos – RM/T Codd –

Modelos conceituais semânticos foram desenvolvidos com o propósito de capturar o significado intrínseco das informações armazenadas em um banco de dados, indo além da simples estrutura formal das relações entre dados. Em seu artigo publicado em 1979, intitulado *"Extending the Database Relational Model to Capture More Meaning"* (Codd, 1979), Codd reconhece as limitações do modelo relacional em lidar com aspectos semânticos mais complexos, como hierarquias de categorias, generalização, agregação e associações múltiplas. Essa publicação marca um momento de inflexão na teoria dos bancos de dados, evidenciando a necessidade de superar a rigidez estrutural dos modelos anteriores, incluindo os navegacionais e o próprio modelo relacional, para contemplar conhecimentos conceituais mais próximos à lógica do mundo real.

A noção de "semântico" nos modelos conceituais refere-se à capacidade de representar conceitos, entidades, relacionamentos e restrições do domínio de aplicação de forma mais fiel e expressiva. Diferentemente dos modelos estruturais, que se concentram predominantemente na organização e manipulação dos dados, os modelos conceituais semânticos têm por objetivo representar o conhecimento sobre os dados. Isso implica incluir a representação explícita de entidades e suas propriedades, os tipos de relacionamento entre entidades, tais como especialização e generalização, as restrições de integridade e os papéis desempenhados pelos elementos em diferentes contextos. Esses modelos são, por conseguinte, particularmente adequados para a fase de projeto conceitual de sistemas de informação, servindo como elo entre a análise de requisitos e a implementação física do banco de dados.

As ideias propostas por Codd influenciaram o desenvolvimento de linguagens e estruturas formais voltadas à modelagem conceitual. Embora essas extensões não tenham sido amplamente adotadas na prática, contribuíram de forma expressiva para a consolidação dos fundamentos teóricos da modelagem conceitual semântica.

Esses modelos também exerceram profunda influência sobre as técnicas de engenharia de software, particularmente nas atividades de análise e projeto de sistemas de informação. Ao proporcionarem uma abstração independente da tecnologia de implementação, eles permitem que o projetista se concentre na lógica e na semântica do domínio antes de definir estruturas de dados, linguagens de consulta ou arquiteturas. Além disso, ao tornarem explícito o significado dos elementos modelados, favorecem a comunicação entre analistas e interessados, reduzem ambiguidades na especificação e facilitam a transição para os modelos lógicos e físicos. Contribuem também para a consistência dos dados e para a manutenção dos sistemas, na medida em que preservam uma descrição conceitual que pode ser consultada ou modificada conforme as mudanças no domínio de aplicação.

A proposição dos modelos conceituais semânticos representou, portanto, um avanço teórico e metodológico de grande envergadura no campo dos bancos de dados, ao introduzir uma abordagem voltada não apenas à estrutura, mas ao significado dos dados. Essa mudança permitiu representar domínios mais complexos, apoiar processos de análise e projeto mais robustos e estabelecer um nível de abstração mais adequado à comunicação interdisciplinar. Em síntese, esses modelos complementam — e em muitos casos precedem logicamente — a estrutura relacional, oferecendo uma base mais expressiva e rigorosa para o desenvolvimento de sistemas de informação consistentes e semanticamente fundamentados.

Os tempos modernos

Com o aumento da complexidade dos sistemas de informação, os modelos de dados tradicionais baseados em tabelas relacionais e outras estruturas de dados simples tornaram-se cada vez menos eficazes para representar e gerenciar dados com estrutura complexa. Como resultado, surgiram novos modelos de dados, como os modelos orientados a objetos, que permitem que as informações sejam representadas de forma mais rica e significativa, Figura 28.

O desenvolvimento de ferramentas de modelagem, como a UML (*Unified Model Language*), também permitiu que os desenvolvedores representassem sistemas de informação de forma mais clara e compreensível, facilitando a comunicação entre os membros da equipe de desenvolvimento e entre os desenvolvedores e seus clientes.

Mais tarde, a ontologia computacional foi desenvolvida para ajudar a capturar o significado das informações em um sistema e permitir que as máquinas possam processar informações de forma mais precisa. A ontologia é uma descrição formal e explícita dos conceitos e das relações entre eles que podem existir em um domínio específico.

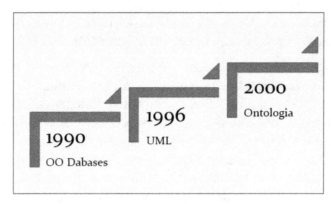

Figura 28: Evolução da modelagem conceitual

Banco de dados orientados a objetos

O surgimento da tecnologia de banco de dados orientados a objetos (The Object-Oriented Database System Manifesto, 1990) foi impulsionado principalmente pela crescente demanda dos usuários para lidar com dados complexos e não convencionais que não se encaixam facilmente no modelo relacional.

Ao contrário do modelo relacional, onde os dados são armazenados em tabelas com colunas associadas a tipos de dados simples, um banco de dados orientado a objetos armazena informações na forma de objetos, que podem conter dados e métodos que definem o comportamento do objeto.

A utilização de um banco de dados orientado a objetos pode trazer várias vantagens, como a capacidade de armazenar e manipular objetos complexos de forma mais eficiente, a redução da necessidade de tradução de dados entre o banco de dados e a aplicação, e uma maior aderência entre a estrutura de dados do banco e a estrutura de dados da aplicação.

No entanto, apesar das vantagens, a adoção da tecnologia de banco de dados orientados a objetos tem sido limitada em comparação com o modelo relacional, devido à falta de padronização e à complexidade de implementação. Os sistemas de gerenciamento de banco de dados orientados a objetos (OODBMS) são geralmente mais difíceis de manter do que os sistemas de banco de dados relacional (RDBMS).

UML

A UML é uma linguagem-padrão para a elaboração da estrutura de projetos de software. Ela poderá ser empregada para a visualização, a especificação, a construção e a documentação de artefatos que façam uso de sistemas complexos de software. Em outras palavras, na área de Engenharia de Software, a UML é uma linguagem de modelagem que permite representar um sistema de forma padronizada (com intuito de facilitar a compreensão antes da implementação). A UML é adequada para a modelagem de sistemas, cuja abrangência poderá incluir desde sistemas de informação corporativos a serem distribuídos a aplicações baseadas na Web e até sistemas complexos embutidos de tempo real. É uma linguagem muito expressiva, abrangendo todas as visões necessárias ao desenvolvimento e implantação desses sistemas. A UML inclui diversos tipos de diagramas, cada um com sua finalidade específica. Alguns dos principais diagramas da UML são:

- **Diagrama de Classes**: usado para representar as classes de objetos, seus atributos, métodos e relacionamentos entre elas.

- **Diagrama de Casos** de Uso: usado para descrever as funcionalidades do sistema e as interações com os usuários.

- **Diagrama de Sequência**: usado para modelar a interação entre objetos em um determinado cenário de uso.

- **Diagrama de Estado**: usado para descrever os diferentes estados de um objeto ao longo do tempo.

- **Diagrama de Componentes**: usado para representar as partes do sistema e as dependências entre elas.

- **Diagrama de Implantação**: usado para descrever a configuração física do sistema, incluindo hardware e software.

Ontologias

Finalmente, em um nível mais completo e rigoroso, temos as ontologias. Uma ontologia é uma estrutura formal e explícita de representação do conhecimento dentro de um domínio específico. Ela é composta por um conjunto de conceitos organizados em hierarquias de classes e subclasses, onde cada classe representa uma categoria abstrata de entidades, e suas subclasses especializam essas categorias de forma mais específica. A organização hierárquica permite estabelecer relações de herança entre os conceitos, de modo que propriedades e restrições definidas para classes mais gerais sejam herdadas por suas subclasses.

Cada conceito dentro de uma ontologia é definido por um conjunto de propriedades (atributos ou características) e pelas relações que mantém com outros conceitos. Essas relações podem ser de diversos tipos, como relações taxonômicas (por exemplo, "*é um tipo de*"), relações meronímicas (parte-todo), relações causais, espaciais ou temporais, dependendo do domínio de aplicação. Além disso, as propriedades associadas aos conceitos podem possuir restrições específicas, como cardinalidade (quantidade mínima ou máxima de ocorrências permitidas), domínios (definição dos tipos de entidades que podem assumir determinados valores) e intervalos de valores possíveis.

Além da estrutura conceitual, as ontologias incluem um conjunto de axiomas e regras de inferência formuladas em lógica formal, geralmente utilizando lógica de descrição ou lógica de primeira ordem. Esses axiomas estabelecem restrições e implicações sobre as entidades e suas relações, permitindo garantir a consistência do modelo e realizar inferências. As regras de inferência possibilitam deduzir novos conhecimentos a partir dos fatos já conhecidos, viabilizando operações como classificação automática de instâncias, detecção de inconsistências, descoberta de relações implícitas e enriquecimento semântico dos dados.

A utilização de ontologias tem aplicação ampla em diversas áreas, incluindo inteligência artificial, engenharia do conhecimento, web semântica, integração de dados heterogêneos e sistemas de suporte à decisão. Nos sistemas baseados em conhecimento, as ontologias desempenham um papel fundamental ao permitir a organização, reutilização e compartilhamento estruturado de informações, promovendo a interoperabilidade entre diferentes sistemas e domínios do conhecimento. Na Figura 29 temos um exemplo de uma representação visual de uma ontologia.

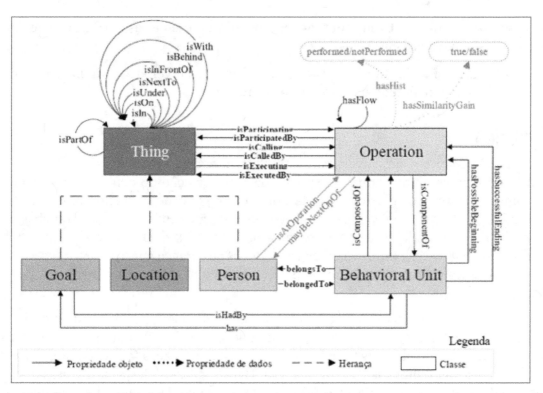

Figura 29: Uma ontologia (Probabilistic Ontology Reasoning in Ambient Assistance: Predicting Human Actions, 2018)

A utilização de ontologias é comum em diversas áreas da ciência da computação, como inteligência artificial, web semântica, engenharia de software e arquitetura da informação. Elas são importantes para a representação do conhecimento sobre um determinado domínio, permitindo a compartilhamento de informação entre diferentes sistemas e facilitando a interoperabilidade entre eles.

A representação da realidade pode ser realizada de várias formas, dependendo das necessidades e dos objetivos específicos do domínio em estudo. Cada uma dessas formas de representação possui suas próprias vantagens e desvantagens, e é importante escolher a que melhor se adequa às necessidades do projeto em questão. Além disso, é importante lembrar que a representação da realidade é um processo contínuo, que deve ser atualizado e aprimorado à medida que novas informações são descobertas e novas necessidades surgem.

No entanto, é fundamental reconhecer que as diversas percepções do mundo, influenciadas por fatores epistemológicos, culturais, linguísticos e cognitivos, podem conduzir a interpretações distintas das mesmas observações e declarações observacionais. Cada indivíduo ou comunidade científica opera dentro de um referencial conceitual próprio, que é moldado por pressupostos teóricos, experiências prévias e construções ontológicas específicas. Como consequência, diferentes agentes podem atribuir significados variados a um mesmo conjunto de dados empíricos, resultando na formulação de explicações distintas para os fenômenos observados.

Essa diversidade interpretativa pode levar ao desenvolvimento de múltiplas teorias ou modelos explicativos, que podem ser não apenas complementares, mas também concorrentes entre si. Enquanto a formulação de declarações observacionais pode, em muitos casos, ser padronizada e resultar em um certo grau de consenso — especialmente quando há metodologias bem definidas e instrumentos de medição objetivos — a formulação de modelos explicativos depende intrinsecamente da estrutura ontológica adotada pelos analistas. Se essas ontologias diferirem significativamente, a convergência em relação às explicações teóricas pode se tornar altamente desafiadora, pois os pressupostos, categorias e relações fundamentais utilizadas para descrever a realidade não serão equivalentes.

Assim, a construção do conhecimento não depende apenas da concordância empírica sobre fenômenos observáveis, mas também da compatibilidade entre os sistemas conceituais subjacentes. A falta de alinhamento entre ontologias pode dificultar a comunicação entre diferentes comunidades científicas e filosóficas, tornando necessária a explicitação dos pressupostos ontológicos e epistemológicos empregados, bem como a busca por mecanismos de tradução e mediação entre distintos paradigmas de investigação.

Como mencionado anteriormente, a evolução da modelagem conceitual e dos sistemas de informação está cada vez mais exigindo a participação de disciplinas das ciências humanas e sociais, como a filosofia, sociologia, psicologia e antropologia, devido à crescente complexidade dos sistemas sociais de informação a serem implementados computacionalmente. A modelagem conceitual tornou-se cada vez mais complexa, e os modelos semânticos e as ontologias computacionais estão se tornando cada vez mais importantes para representar e organizar o conhecimento em sistemas de informação.

A interdisciplinaridade será fundamental para compreender e modelar esses processos, permitindo que os sistemas de informação sejam efetivos e relevantes para as necessidades sociais e culturais. A participação de múltiplas disciplinas pode ajudar a criar sistemas de informação mais inclusivos, que atendam às necessidades de uma ampla variedade de usuários e comunidades.

Em resumo, a evolução da modelagem conceitual e a complexidade crescente dos sistemas de informação requerem uma abordagem cada vez mais interdisciplinar, com a participação de disciplinas das ciências humanas e sociais. Isso permitirá que os sistemas de informação sejam mais precisos, eficazes e relevantes para as necessidades sociais e culturais.

Capítulo

5

Ontologia

A origem da ontologia é a filosofia, e a ciência da computação apropriou-se desse termo com um sentido mais particular. As ontologias são modelos conceituais que representam uma visão compartilhada de um domínio específico. Elas são usadas em diferentes campos, como ciência da computação, sistemas de informação e ciência da informação, para facilitar o compartilhamento, a integração e a reutilização de informações entre diferentes sistemas de computador e aplicativos.

Nesse contexto, as ontologias são estruturadas e formalmente expressas, permitindo uma representação precisa do conhecimento de um domínio. Elas definem os conceitos relevantes, suas propriedades e relacionamentos, criando uma base para o entendimento comum e a troca de informações entre sistemas computacionais.

As ontologias são particularmente úteis para melhorar a interoperabilidade entre sistemas heterogêneos, pois fornecem uma linguagem comum para a descrição e o compartilhamento de conhecimento. Ao adotar ontologias, os sistemas podem se comunicar de forma mais eficaz e compreender o significado subjacente dos dados compartilhados.

Além disso, as ontologias também permitem a criação de sistemas de raciocínio automatizado, nos quais as inferências lógicas podem ser aplicadas com base nas relações definidas na ontologia. Isso permite a extração de conhecimento implícito, o desenvolvimento de sistemas de busca avançada e a tomada de decisões mais informadas.

Portanto, a ontologia, originada na filosofia, encontrou um novo significado e aplicação na ciência da computação, sendo utilizada para modelar conceitos e promover a interoperabilidade e o compartilhamento de informações entre sistemas de computador e aplicativos. Vejamos duas definições de Ontologia na Filosofia:

- Ontologia - do grego *onto* mais *logia* significa parte da Filosofia que especula sobre "o ser enquanto ser". É o estudo do conhecimento do que são as coisas em si mesmas, enquanto substâncias no sentido cartesiano e leibniziano da palavra, por oposição ao estudo das aparências ou dos seus atributos (Lalande, 1993).

- Ontologia. Ramo da filosofia que indaga o que realmente existe, enquanto distinto da natureza do nosso conhecimento sobre ele - essa natureza é investigada pelo ramo da epistemologia. Ontologia e epistemologia, conjuntamente, constituem a tradição central da filosofia (Buckingham, 2010).

História da Ontologia

Os filósofos gregos da antiguidade tiveram um papel fundamental no desenvolvimento da filosofia ocidental e, por extensão, na evolução da ciência durante o Renascimento. Suas ideias e métodos de investigação influenciaram significativamente o pensamento ocidental e lançaram as bases para muitos campos de estudo, incluindo a ontologia.

A ontologia é um ramo da filosofia que se ocupa do estudo da natureza do ser, da existência e da realidade. Os filósofos gregos antigos, como Parmênides, Platão e Aristóteles, foram pioneiros na exploração dessas questões ontológicas. Eles buscaram compreender a estrutura básica da realidade e investigaram a natureza do ser e dos entes existentes.

As contribuições desses filósofos na ontologia são essenciais para a filosofia e também influenciaram o pensamento científico posterior. Durante o Renascimento, os estudiosos redescobriram e reavaliaram as obras dos filósofos gregos, incluindo seus estudos ontológicos. Essas ideias filosóficas forneceram uma base sólida para o desenvolvimento do pensamento científico moderno.

Na ciência da computação, a ontologia é usada para a modelagem conceitual, que envolve a representação formal de conceitos e suas relações em um determinado domínio. A ontologia computacional utiliza estruturas lógicas e simbólicas para representar conhecimento de forma precisa e coerente. Essa abordagem permite que computadores compreendam e manipulem informações de maneira mais sofisticada, facilitando a organização e a recuperação de dados.

A apropriação da ontologia pela ciência da computação foi impulsionada pelo reconhecimento de que uma estrutura ontológica pode fornecer uma base sólida para a representação e o processamento de conhecimento em sistemas computacionais. A modelagem conceitual baseada na ontologia permite uma melhor comunicação entre humanos e computadores, facilitando a troca de informações e o desenvolvimento de sistemas inteligentes.

Assim, podemos dizer que os estudos ontológicos dos filósofos gregos da antiguidade desempenharam um papel crucial no desenvolvimento da filosofia ocidental e, posteriormente, foram apropriados pela ciência da computação para a modelagem conceitual, contribuindo para a evolução da tecnologia e dos sistemas inteligentes. Vejamos algumas referências essenciais para o desenvolvimento desta cultura.

A filosofia Jônica – 600 AC

Representada pelos filósofos Tales, Anaximandro, Anaxímenes, Heráclito, Anaxágoras, Arquelau e Diógenes de Apolônia que foram denominados *Cosmologistas*. Eles acreditavam que, embora a matéria possa mudar de uma forma para outra, toda a matéria tem algo em comum, inalterável. Não concordavam no que seria este componente essencial, partilhado por todas as coisas, e nem faziam experimentos para descobrir, mas **empregavam a racionalização abstrata, em vez da religião ou da mitologia**, tornando-se assim os primeiros filósofos da tradição ocidental.

Tales, Anaximandro e Anaxímenes, por exemplo, acreditavam que a substância básica de toda a realidade era a água, o *apeíron* (ou infinito) e o ar, respectivamente. Heráclito, por sua vez, acreditava que a substância fundamental era o fogo e que a mudança e o fluxo eram características essenciais da realidade.

Anaxágoras e Arquelau, por outro lado, propuseram que a realidade última era composta por uma mistura de várias substâncias e que havia uma força que governava essa mistura. Diógenes de Apolônia acreditava que a substância básica era o ar e que o universo era governado por uma lei racional.

Embora esses filósofos não concordassem sobre qual substância era a essência de todas as coisas, todos eles buscavam entender a natureza da realidade através da razão e da observação, em vez de recorrer a explicações mitológicas ou religiosas.

Assim, eles foram os primeiros a empregar a racionalização abstrata como uma forma de entender o mundo, e seus legados são fundamentais para o desenvolvimento posterior da filosofia e da ciência ocidentais.

A argumentação racional – 400 AC

A democracia grega é um marco importante na história da política e do pensamento ocidental. Desenvolvida principalmente em Atenas, a democracia grega permitia que os homens livres participassem das decisões políticas da cidade, discutindo questões em praça pública, como a Ágora.

A Ágora era uma praça pública onde ocorriam as reuniões dos cidadãos das cidades-estados da Grécia Antiga. Lá, os homens livres tinham a oportunidade de discutir e votar em questões políticas importantes. A democracia grega era uma democracia direta, o que significa que os cidadãos participavam diretamente nas decisões políticas, sem a necessidade de representantes ou intermediários.

Uma das principais características da democracia grega era a teoria da argumentação. Essa teoria incluía o debate e a negociação, que pretendiam alcançar conclusões mutuamente aceitáveis. A teoria da argumentação permitia que os cidadãos apresentassem seus pontos de vista, discutissem ideias e chegassem a uma conclusão através de um processo de debate e negociação.

A argumentação racional é uma habilidade essencial na modelagem conceitual, pois permite que os modeladores expressem suas ideias e justifiquem suas conclusões de maneira clara e lógica. A modelagem conceitual exige que os profissionais apresentem seus resultados de maneira objetiva e fundamentada em dados e evidências. Para isso, é fundamental que eles sejam capazes de construir argumentos sólidos, baseados em premissas claras e válidas, que possam ser avaliados criticamente pelos seus pares.

A argumentação racional permite que os indivíduos apresentem suas hipóteses e teorias de maneira clara e coerente, o que ajuda a garantir que suas ideias sejam compreendidas corretamente pelos demais participantes do processo. Além disso, a argumentação racional ajuda a evitar falácias lógicas e erros de raciocínio que possam comprometer a validade dos resultados da modelagem.

Além desta visão aplicada à modelagem conceitual, a argumentação racional também é importante na pesquisa porque ajuda os pesquisadores a avaliar criticamente as hipóteses e teorias dos outros pesquisadores. No caso da modelagem ontológica, os conceitos e descrições rigorosas pertencem ao campo da pesquisa, posteriormente adotados pela prática. Muito do que utilizamos na modelagem é o resultado de conceitos abstratos e teorias desenvolvidos anteriormente em pesquisas. Ao ler um artigo científico, por exemplo, um cientista precisa ser capaz de avaliar a lógica e a validade dos argumentos apresentados pelo autor. A capacidade de avaliar criticamente os argumentos dos outros é essencial para a construção de conhecimento científico confiável e robusto.

A argumentação racional na Grécia antiga, por sua vez, possibilitou a elaboração de teorias e conceitos que puderam ser submetidos à crítica e à verificação empírica. Isso foi fundamental para a construção do conhecimento científico, que se baseia na observação e na experimentação.

A filosofia jônica, que surgiu no século VI a.C. na região da Jônia, na Ásia Menor, propôs uma **abordagem naturalista e materialista** para a compreensão do mundo. Isso abriu caminho para o desenvolvimento da ciência como uma disciplina independente, que busca explicar os fenômenos naturais por meio de leis e princípios universais.

Todas essas contribuições foram fundamentais para a **transição entre as crenças e o conhecimento científico** na história da humanidade e pavimentaram o caminho para a Idade Moderna, em que a ciência e a tecnologia se tornaram forças dominantes na sociedade.

O Desenvolvimento da racionalidade

O desenvolvimento desta percepção racional foi um longo processo, vejamos quatro ideias essenciais para o desenvolvimento desta cultura:

• A argumentação racional – 400 AC

A democracia grega desenvolveu-se principalmente em Atenas, onde os homens livres tinham oportunidade de discutir questões políticas em praça pública. A Ágora era uma praça pública onde ocorriam as reuniões dos cidadãos das cidades-estados da Grécia Antiga. A teoria da argumentação inclui o debate e a negociação, que pretendem alcançar conclusões mutuamente aceitáveis.

- A lógica – Aristóteles (384-322 AC)

    Para Aristóteles, a lógica é um instrumento para organizar o pensamento. A base da lógica é o silogismo. Silogismo nada mais é do que um argumento constituído a partir de proposições das quais se infere uma conclusão.

- A axiomatização – Euclides c. 300 AC

    Um axioma é uma hipótese inicial de que outros enunciados são logicamente derivados, permitindo a construção de um sistema formal. Eles não podem ser derivados de princípios de dedução e nem são demonstráveis por derivações formais, simplesmente porque eles são hipóteses formais em que se acredita. Inicia-se declarando axiomas, isto é, verdades que não necessitam mais justificações. Novas verdades são deduzidas logicamente a partir destes axiomas utilizando-se de métodos lógicos.

    Com o emprego sistemático destes elementos foi alavancada a transição entre as crenças e o conhecimento científico. De fato, o emprego sistemático da axiomatização, a lógica, a argumentação racional da Grécia antiga e a filosofia jônica foram elementos importantes que contribuíram para a transição entre as crenças e o conhecimento científico na história da humanidade.

    A axiomatização, em especial, foi um marco importante na história do conhecimento científico, pois permitiu a elaboração de teoremas matemáticos e científicos que poderiam ser demonstrados de forma sistemática e lógica.

    A lógica de Aristóteles, por sua vez, estabeleceu um sistema formal de raciocínio que permitiu a análise crítica de argumentos e a identificação de falácias e contradições. Isso também foi fundamental para o desenvolvimento do método científico, que se baseia em hipóteses, observações e experimentações.

A Ontologia de Platão (428-348 AC)

A ontologia platônica distingue de maneira decisiva entre o mundo físico e o mundo inteligível. O primeiro, acessível aos sentidos, é caracterizado pela instabilidade, pela geração e corrupção, e pela precariedade ontológica. Na *República* (Platão, 2021), a célebre Alegoria da Caverna mostra os homens acorrentados contemplando apenas sombras projetadas na parede. Platão assinala que *"os prisioneiros se assemelham a nós: primeiramente, em que veem apenas sombras projetadas pelo fogo, e não os objetos reais"*. Essa metáfora ilustra o caráter derivado e enganoso da realidade sensível, que não exprime o ser verdadeiro, mas apenas sua aparência.

Em contraposição, o mundo inteligível constitui o núcleo da filosofia platônica. As Formas (*eîdos* ou *idéai*) são entidades eternas, imutáveis e paradigmáticas, cuja contemplação permite apreender a essência das coisas. No *Fédon*, Platão sustenta que "*as coisas sempre iguais e imutáveis, às quais chamamos de Formas, não são apreendidas pelos sentidos, mas apenas pelo pensamento. [...] Chamamos de Belo em si, Bom em si, Justo em si, cada uma dessas essências que subsistem sempre da mesma maneira*". A realidade inteligível é, assim, o verdadeiro ser (*ontos on*), enquanto o físico se reduz a uma imagem imperfeita (*mimēsis*).

Essa distinção ontológica articula-se com a epistemologia. Em *República*na chamada linha dividida, Platão descreve os graus de conhecimento: a *eikasía* (imaginação), ligada às sombras e imagens; a *pístis* (crença), associada aos objetos sensíveis; a *diánoia* (pensamento discursivo), que opera com hipóteses matemáticas; e a *noêsis* (intelecto), que apreende diretamente as Formas e culmina na visão da Forma do Bem. Como afirma Platão, "*no domínio inteligível, a alma, usando a dialética, alcança o princípio supremo, que não supõe hipóteses, e dele desce até a conclusão, sem usar nada sensível, mas apenas as próprias Formas*". O conhecimento verdadeiro exige, portanto, uma ascensão dialética do sensível ao inteligível.

Essa possibilidade de conhecimento se explica pela teoria da reminiscência (*anámnēsis*), apresentada em *Mênon*. Para Platão, aprender não é adquirir algo novo, mas recordar o que a alma já contemplou no mundo inteligível. Sócrates observa que "*aprender é apenas recordar. Pois a alma, antes de vir a este corpo, estava em companhia das coisas verdadeiras. Assim, nada impede que, ao ser interrogado, um homem recorde o que já sabia*". O célebre episódio do escravo que, ao ser guiado por perguntas, resolve um problema geométrico exemplifica essa concepção.

A culminância do pensamento platônico encontra-se na concepção da Forma do Bem, apresentada na *República*: Platão afirma que "*não apenas as coisas conhecíveis recebem do Bem o ser conhecido, mas também dele recebem sua existência e essência, embora o Bem não seja essência, mas algo que a ultrapassa em dignidade e poder*". O Bem é, portanto, princípio supremo que funda simultaneamente a inteligibilidade e a existência.

Dessa forma, a filosofia platônica estabelece um contraste fundamental entre o mundo físico, instável e ilusório, e o mundo inteligível, eterno e verdadeiro. O percurso filosófico consiste em uma elevação da *dóxa* a *epistéme*, do sensível ao inteligível, culminando na contemplação da Forma do Bem como princípio regulador da realidade. A ascensão dialética e a reminiscência constituem os meios pelos quais a alma, superando os limites da experiência sensível, pode alcançar o conhecimento daquilo que é em si mesmo.

Unicidade do ente

Um ponto essencial na Ontologia é a identidade única, no livro O Banquete (Platão, 2023) Platão escreve:

> *"Pelo mesmo motivo declaramos cada indivíduo o mesmo desde a infância até a velhice. Mesmo que não tenha nunca as mesmas características, nós o consideramos o mesmo. As perdas permitem que se renove: cabelos, carne, ossos, sangue, o corpo inteiro. (207e) As perdas não se limitam ao corpo, afetam também a psique: modos, costumes, opiniões, desejos, prazeres, tristezas, ..."*

O trecho apresentado traz um ponto central da reflexão platônica sobre a **unicidade de uma entidade**, especialmente no contexto da relação entre permanência e mudança. Platão, pela voz de Diotima, argumenta que a natureza mortal aspira à imortalidade e que essa busca se realiza por meio da substituição e da renovação: os seres vivos, limitados pelo tempo, deixam descendentes, garantindo a continuidade da espécie. Assim, cada espécie se mantém a mesma apesar da transitoriedade dos indivíduos.

No plano individual, o raciocínio é análogo: um ser humano é considerado o "mesmo" desde a infância até a velhice, ainda que não possua jamais as mesmas características físicas ou psíquicas em momentos diferentes da vida. O corpo muda, cabelos, carne, ossos, sangue, e a psique também se transforma, modos, costumes, opiniões, desejos, prazeres e tristezas. Apesar dessas transformações, preserva-se a percepção de unidade e identidade.

A discussão essencial, portanto, gira em torno do problema filosófico da **identidade através da mudança**. Como é possível dizer que uma entidade é una e a mesma, se tudo nela se altera ao longo do tempo? Platão sugere que a unicidade não reside nos elementos mutáveis, mas na continuidade subjacente que permite reconhecer a permanência no fluxo das alterações. Essa tensão entre permanência e mudança é central não apenas para a metafísica platônica, mas também para a ontologia em geral, pois implica pensar os fundamentos do que faz de algo o mesmo, ainda que nunca permaneça idêntico a si em todos os aspectos.

Aristóteles (384 A.C. - 322 a.C.)

A Ontologia, como filosofia, para Aristóteles é fundamental e tem como seu principal objeto de pesquisa o ser enquanto tal, ele propõe a ontologia a ciência com o objetivo de universalidade. Junto com Platão, de quem foi discípulo, foi um dos pensadores mais influentes da história da civilização ocidental. Aristóteles abordou quase todos os campos do conhecimento de sua época: biologia, física, metafísica, lógica, poética, política, retórica, ética.

Para Aristóteles, o ser é o que é e não pode deixar de ser o que é. Ou seja, o ser é aquilo que tem existência por si mesmo, sem depender de outra coisa para existir. Isso significa que o ser é uma substância, uma coisa que tem existência independente. Para Aristóteles, as substâncias são compostas de matéria e forma. A matéria é a potencialidade da substância, enquanto a forma é a sua atualidade.

Aristóteles é amplamente considerado o pai da lógica e sua obra Organon[20] é um dos primeiros tratados sobre lógica formal. Sua contribuição mais significativa para a lógica é a teoria dos silogismos, que é uma forma de argumento dedutivo que se tornou a base da lógica formal. A importância dos silogismos de Aristóteles na lógica e na filosofia pode ser vista de várias maneiras:

i. **Fundamentação da lógica formal**: A teoria dos silogismos de Aristóteles é considerada a base da lógica formal, que é a lógica do raciocínio dedutivo. Ele estabeleceu as regras para a dedução lógica, definindo a validade e a invalidade dos argumentos.

ii. **Estabelecimento do raciocínio dedutivo**: Aristóteles acreditava que o conhecimento era adquirido através do raciocínio dedutivo, que é a inferência de uma conclusão a partir de premissas verdadeiras. Ele estabeleceu as regras para a dedução lógica, permitindo que os filósofos deduzissem conclusões a partir de premissas.

iii. **Contribuição para a filosofia**: A teoria dos silogismos de Aristóteles é uma ferramenta essencial para a filosofia, pois permite que os filósofos avaliem a validade dos argumentos. A lógica aristotélica é usada em muitas áreas da filosofia, incluindo epistemologia, metafísica e ética.

iv. **Influência na ciência**: A lógica aristotélica também teve uma grande influência na ciência, especialmente na ciência medieval. Muitos cientistas medievais usaram a lógica aristotélica para validar seus argumentos e demonstrar a verdade de suas teorias.

Para Aristóteles, a lógica é um instrumento para organizar o pensamento. A base da lógica é o silogismo. Silogismo nada mais é do que um argumento constituído a partir de proposições das quais se infere uma conclusão.

Quatro tipos de sentenças:

- (A) Todo **A** é **B**
- (I) Alguns **A** são **B**
- (E) Nenhum **A** é **B**
- (O) Alguns **A** não são **B**

---

20 Organon é o nome tradicionalmente dado ao conjunto das obras sobre lógica de Aristóteles.

Aristóteles analisou todas as 256 variações de inferências e mostrou que apenas 24 são tais que se as duas primeiras sentenças são verdadeiras a terceira também o será. Para lembrar este conceito se emprega alguns mnemônicos: **A** e **I** da palavra latina *afirmo* e **E** e **O** da palavra latina *nego*[21].

Barbara

- **A** Cada animal é material.
- **A** Cada humano é um animal.
- **A** ☐ Cada humano é material.

Celarent

- **E** Nenhum espírito é um corpo.
- **A** Cada humano é um corpo.
- **E** ☐ Nenhum espírito é um humano.

Darii

- **A** Cada besta é irracional.
- **I** Algum animal é uma besta.
- **I** ☐ Algum animal é irracional.

Ferio

- **E** Nenhuma planta é racional.
- **I** Algum corpo é uma planta.
- **I** ☐ Algum corpo não é racional.

Categorias de Aristóteles

Aristóteles também desenvolveu uma teoria das categorias (Santos, 2016), que são as diferentes maneiras pelas quais o ser pode ser dividido e classificado. As categorias são: substância, quantidade, qualidade, relação, lugar, tempo, posição, estado e ação. A substância é a categoria mais importante, pois é o que dá existência às outras categorias. Segundo Aristóteles:

---

21 Filósofo Pedro Abelardo (Petrus Abælardus) século XII

> *As palavras sem combinação umas com as outras significam por si*
> *mesmas uma das seguintes coisas: o que (substância), o quanto*
> *(quantidade), o como (qualidade), com o que se relaciona (relação), onde*
> *está (lugar), quando (tempo), como está (estado), em que circunstância*
> *(hábito), atividade (ação) e passividade (paixão). Dizendo de modo*
> *elementar, são exemplos de substância, homem, cavalo; de quantidade,*
> *de dois côvados de largura, ou de três côvados de largura; de qualidade,*
> *branco, gramatical; de relação, dobro, metade, maior; de lugar, no*
> *Liceu, no Mercado; de tempo, ontem, o ano passado; de estado, deitado,*
> *sentado; de hábito, calçado, armado; de ação, corta, queima; de paixão,*
> *é cortado, é queimado (Corpus aristotelicum Cat., IV, 1 b).*

Além disso, Aristóteles os diferentes tipos de substância: as substâncias individuais, que são as coisas particulares, como uma árvore ou uma pedra, e as substâncias universais, que são as formas ou essências que podem ser aplicadas a vários indivíduos, como a forma *"homem"*, que pode ser aplicada a vários homens.

Quanto às categorias apresentadas por Aristóteles, ele propôs uma classificação ontológica das coisas que existem no mundo. Essas categorias são modos ou tipos de existência que podem ser atribuídos aos objetos. Aristóteles desenvolveu uma classificação hierárquica das categorias, que são diferentes modos de existência ou tipos de predicados que podem ser atribuídos a objetos. As categorias aristotélicas incluem substância, quantidade, qualidade, relação, lugar, tempo, posição, estado, ação e paixão.

Porfírio, um filósofo neoplatônico do século III, apresentou a classificação das classes de Aristóteles na forma de árvore de divisões dicotômicas de uma maneira que posteriormente foi representada por diagramas. Esses diagramas são conhecidos como "árvore de Porfírio", Figura 30: Categorias de Aristóteles por Porfírio. Essas categorias formam uma estrutura hierárquica, com a substância sendo a categoria mais fundamental. Porfírio organizou as categorias aristotélicas em uma árvore de divisões dicotômicas, que mostra a relação de inclusão entre as diferentes categorias. A árvore começa com a categoria mais ampla, que é a substância, e em seguida divide-se em gêneros e diferenças. Cada gênero é dividido em espécies mais específicas, e assim por diante, até que se chegue às espécies mais inferiores. Em algum ponto, a classificação atinge uma espécie que não pode ser mais definida em termos de gênero e diferença. Isso ocorre porque nem todas as categorias são facilmente subsumidas sob uma estrutura hierárquica rígida, e algumas categorias podem ter características únicas que as distinguem de outras categorias.

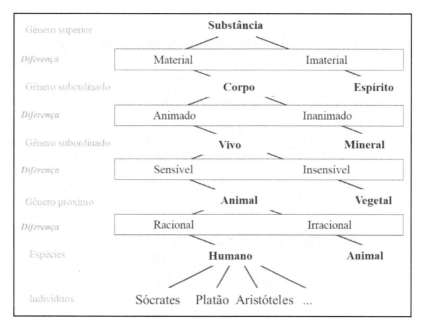

Figura 30: Categorias de Aristóteles por Porfírio

Franz Brentano, um filósofo e psicólogo alemão do século XIX, foi conhecido por suas contribuições para a filosofia da mente e a psicologia. Ele desenvolveu a teoria do intencionalismo, que afirmava que todos os fenômenos mentais são caracterizados por sua intencionalidade, ou seja, sua referência a objetos externos.

Segundo Brentano, o fenômeno psíquico é distinto de outros tipos de fenômenos por sua propriedade de referir-se a um objeto, assim como a um conteúdo de consciência, por meio de mecanismos puramente mentais. Isso significa que os estados mentais, como pensamentos, percepções e desejos, têm uma direção intencional, apontando para algo além de si mesmo.

Brentano apresentou essas categorias através de ramos de uma árvore para visualizar a relação hierárquica entre elas. Essa representação visual é semelhante à árvore de Porfírio, mencionada a seguir, na qual as categorias mais amplas são representadas nos ramos superiores, e as categorias mais específicas são representadas nos ramos inferiores. Essa representação em forma de árvore ajuda a compreender a estrutura e a relação entre as diferentes categorias ontológicas propostas por Aristóteles.

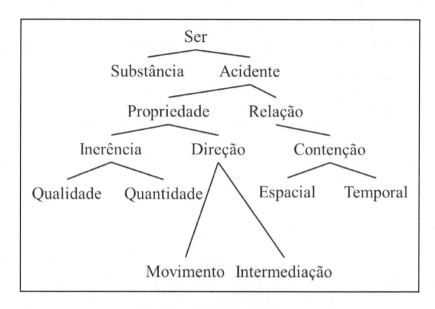

Figura 31: Representação de categorias por Brentano

A axiomatização – Euclides c. 300 AC

Euclides foi um matemático grego que viveu na Alexandria, no Egito, no século III a.C. Ele é conhecido principalmente por sua obra "Os Elementos", que é considerada uma das obras mais importantes da matemática e da geometria. Em "Os Elementos", Euclides estabeleceu uma base para a geometria, utilizando um método lógico baseado em axiomas.

Um axioma é uma afirmação ou proposição que é aceita como verdadeira sem a necessidade de prova. A partir desses axiomas, novas verdades são deduzidas por meio de inferências lógicas, como o uso de silogismos e deduções formais. Os axiomas de Euclides foram um conjunto de afirmações simples e intuitivas que serviram como base para a construção de estruturas mais complexas. Eles não podem ser derivados de princípios de dedução e nem são demonstráveis por derivações formais, simplesmente porque eles são hipóteses formais em que se acredita. Inicia-se declarando axiomas, isto é, verdades que não necessitam mais justificações. Novas verdades são deduzidas logicamente a partir destes axiomas utilizando-se de métodos lógicos.

Os axiomas de Euclides incluem afirmações como *"dois pontos podem ser unidos por uma reta"*, *"um segmento de reta pode ser estendido indefinidamente"* e *"todos os ângulos retos são iguais"*. Esses axiomas forneceram as bases necessárias para a construção de um sistema formal de geometria.

O método de Euclides permitiu que as verdades matemáticas fossem deduzidas a partir de um conjunto de hipóteses iniciais que eram aceitas como verdadeiras. Isso permitiu que a matemática se tornasse uma disciplina rigorosa e formalizada, com resultados precisos e confiáveis.

Está claro que este processo de modelagem da realidade implica uma grande parcela de atividades intelectuais decorrentes da capacidade de percepção da realidade pelos modeladores por meio de processos cognitivos. Então precisamos entender que este processo não é automatizável, isto é, não pode ser reduzido a um algoritmo. Mesmo a utilização de ferramentas de Inteligência Artificial atuais apenas transfere o processo para a análise de documentos e demais materiais produzidos anteriormente por humanos.

Capítulo

6

Ontologia na computação

O conceito de **ontologia em computação** se distancia do rigor característico da tradição filosófica. Em Filosofia, a Ontologia (com inicial maiúscula) é compreendida como o estudo sistemático e abstrato do ser, ou seja, das categorias fundamentais da realidade em si, de modo universal e independente de domínios específicos. Essa investigação busca responder a questões de natureza metafísica, como: O que é o ser? Quais são as categorias últimas da existência? De que maneira se estruturam os entes no todo da realidade?

Na Computação, entretanto, a noção de **ontologia** assume uma dimensão mais pragmática e aplicada. Podemos defini-la como "um catálogo dos tipos de coisas que se supõem existir em um domínio D na perspectiva de uma pessoa falando uma linguagem L com o objetivo de descrever D". Essa formulação evidencia três elementos importantes:

1. **Limitação ao domínio**: a ontologia em computação não visa abranger a totalidade do ser, mas sim um recorte específico da realidade (um domínio, por exemplo: medicina, negócios, educação).

2. **Instrumento de descrição**: seu propósito não é especulativo ou metafísico, mas sim fornecer um vocabulário formal para descrever conceitos relevantes e suas inter-relações.

3. **Finalidade operacional**: mais do que buscar verdades universais, as ontologias em computação destinam-se a aplicações concretas — interoperabilidade semântica, integração de dados, recuperação de informação e raciocínio automatizado.

Portanto, o que na Filosofia é um **campo de reflexão ontológica** sobre a essência e as estruturas fundamentais da realidade, na Computação transforma-se em um **instrumento técnico**, que organiza e formaliza conceitos de um domínio específico de modo a favorecer o processamento automático da informação.

Em síntese, a ontologia em computação é uma forma de **descrever a realidade de maneira aproximada e operacional**, sem a pretensão de alcançar a profundidade conceitual e a universalidade da Ontologia filosófica. Essa adaptação permite ganhos práticos em sistemas de informação e inteligência artificial, mas deixa de lado o rigor metafísico, reduzindo o termo a uma metodologia aplicada à modelagem e à interoperabilidade semântica.

Vejamos alguns conceitos:

- Ontologia é o estudo das categorias das coisas que existem ou que podem existir em um determinado domínio.

- Uma ontologia é um catálogo dos tipos de coisas que se supõem existir em um domínio **D** na perspectiva de uma pessoa falando uma linguagem **L** com o objetivo de descrever **D**.

Uma ontologia descreve os conceitos relevantes de um domínio e suas inter-relações, que podem incluir classes, subclasses, propriedades, instâncias, relações hierárquicas e outras relações semânticas. Essas inter-relações são expressas em um vocabulário formal, geralmente usando linguagens de ontologia como OWL (*Web Ontology Language*) e RDFS (*Resource Description Framework Schema*).

As ontologias podem ser construídas para uma ampla variedade de domínios, desde áreas científicas e médicas até domínios de negócios e governamentais. Elas são usadas em várias aplicações, como sistemas de gerenciamento de conhecimento, sistemas de recuperação de informação, sistemas de recomendação, sistemas de inteligência artificial e sistemas de representação de conhecimento.

Uma das principais vantagens das ontologias é a sua capacidade de permitir a interoperabilidade semântica entre diferentes sistemas e fontes de dados. Isso significa que diferentes sistemas podem compartilhar e integrar informações de forma mais eficiente e precisa, sem a necessidade de acordos prévios ou de transformações manuais de dados. As ontologias permitem a realização de inferência, que é a dedução de novas informações a partir das relações estabelecidas na ontologia. Isso pode ser feito usando regras lógicas ou algoritmos de raciocínio, o que permite que as ontologias sejam usadas para responder a perguntas complexas e gerar novas hipóteses.

A utilização de ontologias na computação tem trazido importantes avanços na descrição e organização de sistemas de informação, permitindo uma representação formal de um conjunto de conceitos e relações entre eles. Isso ajuda a fornecer uma descrição mais precisa e completa de um domínio específico de conhecimento, facilitando o compartilhamento de informações entre diferentes sistemas e aplicações. Informalmente temos usado a palavra "ontologia" com a inicial maiúscula para denotar que se trata de um conceito filosófico e com a inicial minúscula para indicar que se aplica à computação. Existem quatro tipos principais de ontologias em computação, Figura 32.

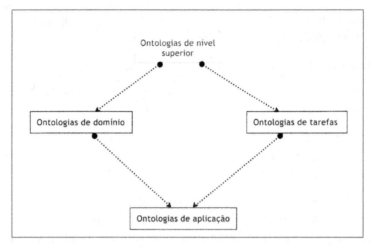

Figura 32: Classes de ontologias

Ontologias de nível superior:

Também conhecidas como ontologias de topo, essas ontologias fornecem uma estrutura geral de alto nível para a representação do conhecimento em várias áreas. Uma ontologia de alto nível é uma representação formal dos conceitos e categorias mais gerais que são aplicáveis em todos os domínios do conhecimento. Ele fornece uma estrutura para organizar e classificar o conhecimento em um nível muito alto de abstração e normalmente inclui conceitos como espaço, tempo, causalidade, substância e processo. As ontologias de nível superior são projetadas para serem independentes de qualquer aplicativo ou domínio específico e podem ser usadas como base para o desenvolvimento de ontologias mais especializadas.

Unified Foundational Ontology (UFO)

A *Unified Foundational Ontology* (Gizzardi, et al., 2022) (UFO) é uma ontologia de fundamentação ou nível superior, que fornece um modelo conceitual para modelagem de domínios de conhecimento. A UFO-A é uma versão específica da UFO, utilizada em vários contextos. UFO tem como propósito descrever a realidade a partir de um nível mesoscópico, isto é, intermediário entre o nível altamente abstrato e formal das ontologias de topo e o nível específico das ontologias de domínio. Essa perspectiva mesoscópica busca captar entidades e relações tal como são compreendidas e representadas pela cognição humana, levando em consideração não apenas estruturas ontológicas formais, mas também os modos pelos quais os seres humanos percebem, conceituam e comunicam a realidade.

Assim, a UFO incorpora aspectos cognitivos e linguísticos na definição de suas categorias ontológicas fundamentais, reconhecendo que a linguagem natural e os esquemas conceituais influenciam profundamente a forma como modelamos e descrevemos o mundo. Essas categorias não são apenas abstrações metafísicas, mas refletem também padrões recorrentes de compreensão humana, sendo, portanto, fundamentadas em teorias filosóficas, linguísticas e cognitivas.

- A UFO-A se caracteriza por:
  - Fornece um maior nível semântico:
  - Busca aprofundar a compreensão conceitual de um domínio, considerando aspectos como tipos, instâncias, propriedades e relações.
  - Apresentar noções fundamentais:
  - Aborda conceitos como tipos e instâncias, objetos e suas propriedades, identidade e classificação, além de relações parte-todo.
  - Baseada em princípios filosóficos e de ciências cognitivas:
  - Utiliza conceitos de filosofia e psicologia cognitiva para construir seu modelo conceitual, centrado em objetos (endurantes).
- Sintetizar resultados de outras ontologias:
  - A UFO incorpora resultados de outras ontologias, como GFO/GOL2 e OntoClean/DOLCE, mas aprimorando sua capacidade de capturar os conceitos básicos de linguagens de modelagem.
- Aprimorar a modelagem conceitual:
  - A UFO-A facilita a organização e compreensão de conceitos em um determinado domínio, permitindo a criação de modelos mais precisos e completos.

Componentes da UFO

A ontologia é estruturada em três fragmentos principais, cada um correspondendo a um domínio específico de abstração ontológica.

- **UFO-A**: Foca nas entidades **endurantes**, suas propriedades intrínsecas e relacionamentos estruturais. Aqui são modeladas noções como *objetos*, *atributos*, *tipos*, *papéis* e *dependência ontológica*.
- **UFO-B**: Introduz os **perdurantes**, ou seja, eventos e processos. Trata da dinâmica temporal, permitindo representar como os endurantes se transformam ou se envolvem em eventos ao longo do tempo.
- **UFO-C**: Complementa os anteriores com conceitos sociais e intencionais, como *agentes*, *ações*, *compromissos*, *papéis sociais*, *instituições* etc.

Ontologias de domínio:

Uma ontologia de nível intermediário ou de domínio é uma ontologia mais específica, projetada para capturar os conceitos e relacionamentos comuns a um determinado domínio ou campo de conhecimento. Destina-se a preencher a lacuna entre os conceitos de alto nível de uma ontologia de alto nível e os conceitos detalhados de uma ontologia de aplicação específica. As ontologias de nível médio geralmente incluem conceitos como eventos, objetos, processos, funções e relacionamentos que são relevantes para um determinado domínio ou campo e podem ajudar a facilitar a interoperabilidade entre diferentes sistemas e aplicativos dentro desse domínio.

A UFO fornece categorias ontológicas fundamentais — como *objetos*, *eventos*, *situações*, *papéis*, *relacionamentos* e *momentos* — que permitem representar de forma precisa e coerente os fenômenos do mundo real. Ao adotar a UFO como referência, as ontologias de nível intermediário se beneficiam de uma fundamentação teórica robusta que assegura consistência semântica e favorece a interoperabilidade entre diferentes modelos e sistemas. Desse modo, a UFO atua como um elo essencial entre a generalidade das ontologias de alto nível e a complexidade contextual das aplicações específicas, promovendo maior clareza conceitual e reutilização do conhecimento.

Ontologias de tarefas

Essas ontologias são desenvolvidas para representar o conhecimento necessário para realizar uma determinada tarefa ou conjunto de tarefas. Elas são especialmente úteis para a construção de sistemas inteligentes que devem realizar tarefas específicas, como diagnóstico médico, planejamento de roteiros ou gerenciamento de projetos.

- **Ontologias de aplicação**: essas ontologias são específicas para um determinado aplicativo ou sistema. Elas são desenvolvidas para ajudar a integrar diferentes componentes de um sistema, fornecem uma linguagem comum para a comunicação entre esses componentes e simplificam a integração de diferentes tecnologias e ferramentas. Por exemplo, uma ontologia de aplicação pode ser usada para integrar um sistema de gerenciamento de conteúdo com um sistema de comércio eletrônico.

Compartilhamento de ontologias

O compartilhamento de ontologias é um problema complexo, diferentes implementações suportam diferentes subconjuntos e variações de lógica. O compartilhamento de informações entre elas geralmente pode ser feito automaticamente se as informações puderem ser expressas no subconjunto comum. Sistemas diferentes podem usar nomes diferentes para os mesmos tipos de entidades; pior ainda, eles podem usar os mesmos nomes para tipos diferentes. Às vezes, pretende-se que duas entidades com definições diferentes sejam iguais, mas os esforços para provar que são de fato as mesmas podem ser difíceis ou impossíveis.

A implementação apresenta problemas, mesmo quando os nomes e definições são idênticos, efeitos colaterais computacionais ou de implementação podem fazer com que o mesmo conhecimento se comporte de maneira diferente em sistemas diferentes. Em algumas implementações, a ordem de entrada de regras e dados pode ter um efeito nas possíveis inferências e nos resultados dos cálculos.

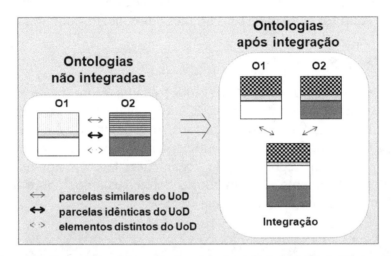

Figura 33: Alinhamento e integração de ontologias, adaptado de (Pinto Ribeiro, 1995)

Se um alinhamento mapeia um conceito ou relação x na ontologia A para um conceito ou relação y na ontologia B, então x e y são considerados equivalentes. O mapeamento pode ser parcial: pode haver muitos conceitos em A ou B que não têm equivalentes na outra ontologia. Antes que duas ontologias A e B possam ser alinhadas, talvez seja necessário introduzir novos subtipos ou supertipos de conceitos ou relações em A ou B para fornecer alternativas adequadas para o alinhamento. Uma representação simplificada é apresentada na Figura 33, adaptada de uma tese de doutorado (Pinto Ribeiro, 1995) sobre o alinhamento de banco de dados orientados a objetos.

O acesso integrado a informações distribuídas, de forma heterogênea e autônoma, característico de grandes organizações, permanece como importante área de pesquisa em sistemas de informação. Tradicionalmente, as metodologias propostas baseiam-se na integração dos modelos conceituais locais, de forma a que seja obtido um modelo conceitual global, livre de conflitos, onde toda a informação disponível encontra-se representada. Este problema foi longamente tratado em banco de dados Muito destes trabalhos são diretamente aplicáveis para o alinhamento e integração de ontologias (Batini, et al., 1986) (Reddy, et al., 1994) (Pinto Ribeiro, 1995).

O processo de integração de esquemas conceituais de banco de dados, e analogamente de ontologias, envolve três etapas:

- Comparação de esquemas, onde conflitos de representação de mesmos objetos em diferentes esquemas locais são identificados, normalmente a partir da análise dos nomes e estruturas utilizados nos diferentes níveis da modelagem.

- Adequação de esquemas, onde os conflitos identificados na etapa anterior são solucionados, através da alteração e compatibilização dos esquemas locais.

- Integração e reestruturação de esquemas, onde os esquemas locais, já livre de conflitos, são integrados através dos conceitos comuns.

Estrutura da Web Semântica

A Web Semântica (Lassila, et al., 2001) é uma proposta de evolução da Web tradicional, idealizada por Tim Berners-Lee, cujo objetivo é tornar os dados da Web compreensíveis não apenas por seres humanos, mas também por agentes automáticos (máquinas). Essa visão, apresentada em 2000 por Tim Berners-Lee no W3C[22]. propõe que a Web não seja apenas um repositório de documentos legíveis por humanos, mas uma grande base de conhecimento estruturado e interconectado, sobre a qual sistemas inteligentes possam consultar, inferir e tomar decisões.

---

[22] https://www.w3.org/copyright/document-license-2023/

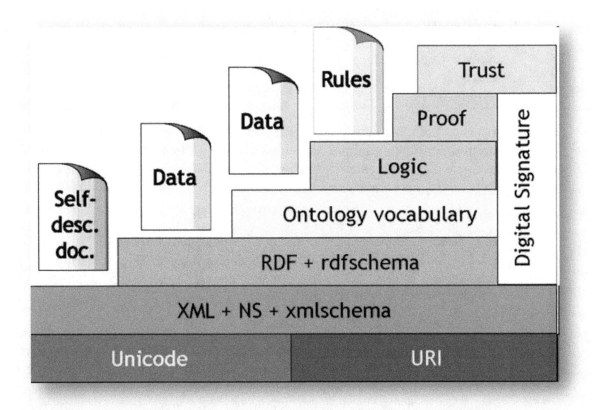

Figura 34: Arquitetura da Web Semântica proposta por Tim Berners-Lee [23]

Para alcançar esse objetivo, foi proposta uma arquitetura em camadas, que descreve progressivamente os componentes necessários para alcançar uma Web com capacidade de raciocínio semântico. A figura representa essa arquitetura.

A arquitetura da Web Semântica é comumente representada como uma pirâmide ou escada de camadas, onde cada nível se apoia na infraestrutura das camadas inferiores. Abaixo, cada camada é descrita com seus respectivos papéis.

Unicode:

- Fornece uma codificação universal de caracteres, permitindo que documentos e dados sejam representados em qualquer idioma. Garante interoperabilidade linguística.

URI (*Uniform Resource Identifier*):

---

[23] https://www.w3.org/2000/Talks/1206-xml2k-tbl/slide10-0.html

- Sistema para identificação única de recursos na Web. Sem URIs, não seria possível referenciar objetos, conceitos ou dados de maneira padronizada e global. Cada entidade na Web Semântica deve possuir um identificador único.

XML (*Extensible Markup Language*) + *Namespaces* (NS) + XML *Schema*:

- Estas tecnologias permitem a estruturação de documentos com validadores de tipo e sintaxe, embora não capturem o significado dos dados. O XML define a estrutura, os *namespaces* evitam colisões de nomes e os esquemas impõem regras formais aos dados.

RDF (*Resource Description Framework*) e RDFS (RDF Schema):

- Introduzem a representação semântica de dados na forma de triplas (sujeito–predicado–objeto). O RDF forma a base da Web de Dados, permitindo a criação de grafos de conhecimento, enquanto o RDFS adiciona um vocabulário básico para definir classes, propriedades e hierarquias.

Vocabulário Ontológico (Ontology Vocabulary):

- É nesta camada que entram as ontologias formais, desenvolvidas com linguagens como OWL (Web *Ontology Language*). As ontologias permitem a definição precisa e computacionalmente tratável de conceitos, classes, relações, restrições e axiomas. Com isso, sistemas podem compartilhar significados de forma consensual.

Lógica (*Logic*):

- Permite a formulação de regras inferenciais, que possibilitam derivar novos conhecimentos a partir dos dados explícitos. Aqui entram os motores de inferência, que processam axiomas ontológicos e regras declaradas.

Prova (*Proof*):

- Refere-se à capacidade de justificar logicamente as conclusões inferidas. Essa camada visa tornar o raciocínio transparente e auditável, permitindo verificar os passos tomados por agentes computacionais na obtenção de determinada informação.

Confiança (*Trust*):

- Para que um agente automático aceite informações da Web, é necessário que exista um mecanismo de confiança. Essa camada está associada à avaliação da credibilidade de fontes, à reputação de agentes, à autenticidade dos dados e à segurança das inferências.

Assinatura Digital (*Digital Signature*):

- Atua transversalmente em toda a arquitetura, provendo segurança criptográfica. Garante a integridade dos dados e a autenticidade das fontes, sendo fundamental para operações críticas ou informações sensíveis.

Documentos auto-descritivos (*Self-descriptive documents*):

- São documentos que contêm metadados embutidos, permitindo que sejam compreendidos tanto por humanos quanto por máquinas. Isso torna possível o processamento automatizado e dinâmico de informações sem intervenção manual.

A arquitetura da Web Semântica ilustra não apenas um conjunto de tecnologias, mas uma visão estruturada de evolução da Web, rumo à automação da interpretação e uso de informações em escala global. Cada camada acrescenta novos níveis de complexidade, mas também de expressividade semântica e capacidade de raciocínio. O estudo dessa arquitetura oferece aos alunos uma visão integradora entre linguagens de marcação, modelagem de conhecimento, lógica computacional e segurança da informação, além de promover reflexões sobre interoperabilidade, padronização e a natureza do conhecimento estruturado.

Linguagens para a Web semântica

Ao padronizar as notações, XML e RDF dão um primeiro passo importante, mas esse passo é insuficiente para o compartilhamento de dados sem alguma forma de comparar, relacionar e traduzir os vocabulários. Padronizar os vocabulários pode criar ainda mais dificuldades "por esconder complexidades por trás de acordos superficiais". Para aumentar e expressividade destas linguagens foram desenvolvidos os XML *Schema* e RDF *Schema*.

A web semântica é uma extensão da *World Wide Web* que visa fornecer significado estruturado e processável às informações disponíveis na internet. Ela permite que máquinas compreendam e processem o conteúdo de forma mais eficiente, possibilitando a recuperação, integração e interpretação automatizada dos dados. Para alcançar esse objetivo o uso de linguagens específicas, como o XML *Schema* e o RDF *Schema*, é necessário para traduzir a linguagem natural para o processamento computacional. Aqui estão algumas razões para essa necessidade:

- **Representação estruturada**: A linguagem natural é altamente flexível e ambígua, o que dificulta sua interpretação direta por máquinas. As linguagens específicas da web semântica, como o XML *Schema* e o RDF *Schema*, fornecem uma estrutura estruturada e bem definida para representar e organizar as informações de forma consistente, permitindo uma interpretação precisa pelos sistemas computacionais.

- **Semântica formal**: A web semântica busca adicionar significado às informações, associando conceitos e relacionamentos específicos a elas. As linguagens específicas da web semântica, como o RDF (*Resource*

Description Framework), permitem a descrição de recursos, suas propriedades e relações em um formato formal, o que facilita a compreensão e a interpretação dos dados por parte das máquinas.

- **Interoperabilidade**: O uso de linguagens específicas da web semântica facilita a interoperabilidade entre diferentes sistemas e aplicativos. Ao adotar padrões comuns, como o XML *Schema* e o RDF *Schema*, é possível garantir que os dados sejam compartilháveis e compreensíveis por diferentes agentes computacionais, independentemente das linguagens de programação ou plataformas utilizadas.

- **Consulta e extração de informações**: As linguagens específicas da web semântica fornecem mecanismos para consulta e extração de informações de forma mais precisa e eficiente. Através do uso de consultas SPARQL (SPARQL *Protocol and RDF Query Language*), é possível realizar consultas sofisticadas em bases de dados RDF, explorando as relações semânticas estabelecidas entre os recursos.

- **Integração de dados**: A web semântica promove a integração de dados provenientes de diferentes fontes, permitindo a combinação e a interoperabilidade entre conjuntos de dados heterogêneos. As linguagens específicas da web semântica fornecem a estrutura necessária para descrever e relacionar os dados, facilitando sua fusão e enriquecimento.

Um pequeno quadro mostrando as linguagens existentes que foram estendidas de modo a facilitar a descrição de conteúdo.

- XML
  - XML *Schema* (XMLS) não é uma linguagem de ontologia.
  - Modifica o formato de DTDs (*document schemas*) para XML.
  - Adiciona uma hierarquia de tipos extensível.
    - Inteiros, *strings*, pode definir subtipos, e.g., inteiros positivos.
- RDF
  - RDF *Schema* (RDFS).
  - RDFS é uma linguagem de ontologia.
    - Classes e propriedades, subclasses e superclasses, escopo e domínio de propriedades.

As linguagens, XML, RDF e XML *Schema*, foram estendidas ou possuem extensões específicas para facilitar a descrição de conteúdo e fornecer recursos adicionais de modelagem e estruturação. Aqui está uma explicação mais detalhada sobre cada uma delas.

XML (*Extensible Markup Language*): XML é uma linguagem de marcação que permite definir estruturas de dados personalizadas para descrever informações de forma hierárquica. No entanto, o XML em si não possui uma semântica formal definida. Ele fornece uma sintaxe flexível para criar documentos estruturados e compartilhar informações entre diferentes sistemas. A seguir um exemplo de XML.

```xml
<?xml version="1.0" ?>
<catalogoProdutos>
 <catalogoNome>Catalogo de Produtos</catalogoNome>
 <dataValidade>31-12-2024</dataValidade>
 <produtos>
  <produto id="1">
   <produtoNome>Esferográfica</produtoNome>
   <descricao>Caneta tranparente</descricao>
   <produtoPreco>7,50</produtoPreco>
   <estoque>123</estoque>
  </produto>
  <produto id="2">
   <produtoNome>Lápis</produtoNome>
   <descricao>Lápis de grafite 2B</descricao>
   <produtoPreco>5,50</produtoPreco>
   <estoque>56</estoque>
  </produto>
 </produtos>
</catalogoProdutos>
```

XML *Schema* (XMLS): O XML *Schema* é uma extensão do XML que permite a definição de esquemas de documentos XML. Ele oferece recursos para especificar a estrutura, os tipos de dados, as restrições e as relações entre os elementos XML. Com o XML *Schema*, é possível definir regras mais precisas e validar a estrutura e o conteúdo de documentos XML.

Ela é uma linguagem de definição de estrutura que especifica a estrutura, os tipos de dados e as restrições de validação para documentos XML. Ele fornece uma maneira de descrever a estrutura e os tipos de dados esperados em um documento XML, permitindo a validação e a interpretação correta dos dados contidos nele. É representado por meio de elementos e atributos em um documento XML específico. Os elementos e atributos do XML *Schema* definem a estrutura hierárquica do documento XML e estabelecem as regras para os tipos de dados e restrições aplicáveis a cada elemento.

Aqui você pode definir elementos complexos e elementos simples. Os elementos complexos podem conter outros elementos ou atributos, enquanto os elementos simples são elementos individuais sem filhos. Além disso, oferece tipos de dados predefinidos, como string, inteiro, booleano, data, entre outros, e permite a definição de tipos de dados personalizados com base nesses tipos predefinidos ou combinando-os de maneira específica.

Um esquema XML descreve a estrutura de um documento XML. A linguagem do Esquema XML também é chamada de Definição de Esquema XML (XSD). O objetivo de um esquema XML é definir os blocos de construção legais de um documento XML:

- Os elementos e atributos que podem aparecer em um documento
- O número de (e ordem de) elementos filhos
- Tipos de dados para elementos e atributos
- Valores padrão e fixos para elementos e atributos

A seguir um exemplo de XML *Schema* do w3schools[24]:

---

[24] https://www.w3schools.com/xml/schema_intro.asp

```
<?xml version="1.0"?>
<xs:schema xmlns:xs="http://www.w3.org/2001/XMLSchema">

<xs:element name="note">
  <xs:complexType>
    <xs:sequence>
      <xs:element name="to" type="xs:string"/>
      <xs:element name="from" type="xs:string"/>
      <xs:element name="heading" type="xs:string"/>
      <xs:element name="body" type="xs:string"/>
    </xs:sequence>
  </xs:complexType>
</xs:element>

</xs:schema>
```

RDF (*Resource Description Framework*): O RDF é um modelo de dados usado na web semântica para representar conhecimento de forma estruturada. Ele é baseado em um formato de grafo, onde as informações são organizadas em termos de recursos, suas propriedades e os relacionamentos entre eles.

O RDF utiliza sentenças de três partes, conhecidas como *triplets* RDF, para descrever os dados. Cada *triplet* RDF é composto por um sujeito, um predicado e um objeto. O sujeito representa o recurso principal que está sendo descrito, o predicado indica a propriedade ou o relacionamento que está sendo atribuído ao sujeito, e o objeto representa o valor ou o recurso relacionado a essa propriedade, Figura 35.

152

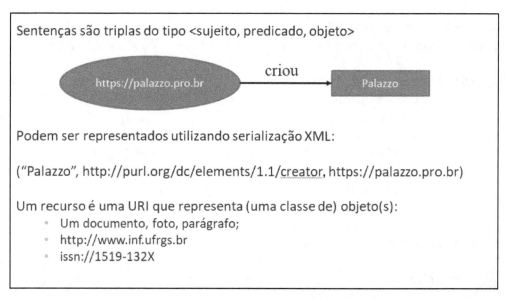

Sentenças são triplas do tipo <sujeito, predicado, objeto>

criou

https://palazzo.pro.br → Palazzo

Podem ser representados utilizando serialização XML:

("Palazzo", http://purl.org/dc/elements/1.1/creator, https://palazzo.pro.br)

Um recurso é uma URI que representa (uma classe de) objeto(s):
* Um documento, foto, parágrafo;
* http://www.inf.ufrgs.br
* issn://1519-132X

Figura 35: Exemplo de RDF

Além disso, o RDF permite que os recursos e suas propriedades sejam identificados de forma única por meio de identificadores chamados URIs (*Uniform Resource Identifiers*), que fornecem um meio consistente de referência para os recursos na web semântica.

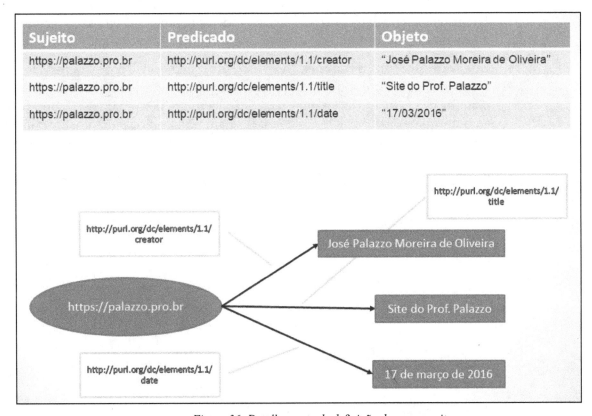

Sujeito	Predicado	Objeto
https://palazzo.pro.br	http://purl.org/dc/elements/1.1/creator	"José Palazzo Moreira de Oliveira"
https://palazzo.pro.br	http://purl.org/dc/elements/1.1/title	"Site do Prof. Palazzo"
https://palazzo.pro.br	http://purl.org/dc/elements/1.1/date	"17/03/2016"

Figura 36: Detalhamento de definição de um conceito

Os predicados na Figura 36 se referem ao Dublin Core, Figura 37, que é um conjunto de elementos de metadados que fornece uma estrutura básica para descrever recursos digitais. Esses elementos de metadados são usados para descrever informações essenciais sobre recursos, como documentos, imagens, áudio, vídeo e outros tipos de conteúdo digital. A utilidade do Dublin Core reside na sua simplicidade e facilidade de uso, tornando-se uma norma amplamente adotada para a descrição de recursos digitais. Aqui estão algumas das principais utilidades do Dublin Core:

- **Descrição de recursos**: O Dublin Core oferece elementos de metadados que permitem descrever recursos digitais de forma concisa e abrangente. Esses elementos incluem informações básicas, como título, autor, data de criação, descrição, formato do arquivo, idioma e direitos autorais. Essa descrição ajuda a identificar e organizar os recursos, facilitando sua descoberta e utilização.

- **Organização e catalogação de recursos**: Ao usar o Dublin Core, é possível organizar e catalogar recursos digitais de forma estruturada. Os elementos de metadados fornecem informações importantes para indexação e categorização, auxiliando na criação de sistemas de gerenciamento e bibliotecas digitais mais eficientes.

- **Intercâmbio de recursos**: O uso do Dublin Core simplifica o compartilhamento e a troca de recursos digitais entre diferentes sistemas e plataformas. Ao fornecer uma descrição comum dos recursos, é possível garantir que as informações relevantes sejam transmitidas juntamente com o conteúdo digital, tornando-o mais fácil de ser compreendido e utilizado pelos destinatários.

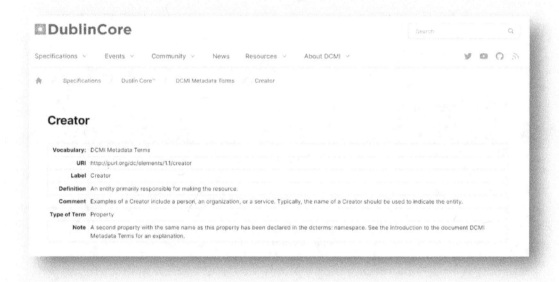

Figura 37: DublinCore

Em Dublin Core, um *namespace* (ou espaço de nomes) é uma forma de identificar e agrupar elementos de metadados relacionados dentro de um contexto específico. Ele fornece um mecanismo para evitar conflitos de nomes e permite uma distinção clara entre os elementos pertencentes ao Dublin Core e elementos de outros esquemas de metadados.

Um *namespace* é representado por um URI que serve como um identificador exclusivo para o conjunto de elementos de metadados dentro desse *namespace*. O URI do *namespace* do Dublin Core é "http://purl.org/dc/elements/1.1/".

Por exemplo, no Dublin Core, temos elementos de metadados como *"title"* (título), *"creator"* (criador), *"date"* (data) e assim por diante, Figura 36. Esses elementos são identificados dentro do *namespace* do Dublin Core por meio de seus nomes completos, que incluem o prefixo do *namespace*:

- dc:*title* (título)
- dc:*creator* (criador)

- dc:*date* (data)

Ao utilizar um namespace, é possível diferenciar elementos de metadados de diferentes esquemas e evitar ambiguidades. Por exemplo, se outro esquema de metadados tiver um elemento chamado "*title*", ele poderá ser distinguido do elemento "*title*" do Dublin Core pelo uso de *namespaces* diferentes.

Em diferentes repositórios ou contextos, podem existir *namespaces* distintos para identificar e organizar elementos de metadados relacionados, Figura 38. Esses namespaces podem ser utilizados para evitar conflitos de nomes e permitir a distinção entre os elementos provenientes de diferentes esquemas de metadados ou comunidades.

Por exemplo, em repositórios de dados científicos, como o *DataCite*, um *namespace* específico é utilizado para identificar os elementos de metadados relacionados aos objetos digitais, como publicações científicas, conjuntos de dados e recursos de pesquisa. Esse namespace pode ser representado por um URI, como "https://datacite.org/schema/kernel-4".

Da mesma forma, em repositórios de bibliotecas digitais, como o Europeana[25], é comum utilizar *namespaces* específicos para identificar elementos de metadados relacionados aos itens do acervo, como livros, imagens e obras de arte.

---

[25] https://www.europeana.eu/en

```
<root>

<h:table xmlns:h="http://www.w3.org/TR/html4/">
  <h:tr>
    <h:td>Apples</h:td>
    <h:td>Bananas</h:td>
  </h:tr>
</h:table>

<f:table xmlns:f="https://www.w3schools.com/furniture">
  <f:name>African Coffee Table</f:name>
  <f:width>80</f:width>
  <f:length>120</f:length>
</f:table>

</root>
```

Figura 38: Exemplo de contextos diferentes para namespace

No exemplo mencionado, o atributo xmlns presente no primeiro elemento <table> atribui ao prefixo h: um *namespace* qualificado, ou seja, um identificador único que distingue os elementos pertencentes a esse espaço de nomes. De forma análoga, o atributo xmlns no segundo elemento <table> define um namespace qualificado para o prefixo f:.

Quando um namespace é definido para um elemento, todos os elementos filhos que utilizam o mesmo prefixo passam a estar automaticamente associados a esse mesmo namespace. Isso permite distinguir elementos com o mesmo nome, mas pertencentes a contextos ou vocabulários diferentes, o que é essencial, por exemplo, em documentos XML que integram dados de diversas origens.

Cada repositório ou comunidade pode definir seus próprios *namespaces* para os elementos de metadados que melhor atendam às suas necessidades e padrões específicos. Esses *namespaces* podem ser definidos internamente ou seguir padrões de esquemas de metadados mais amplos, como o Dublin Core.

Ninguém pensa que todos usarão o mesmo vocabulário (nem deveriam), mas com RDF podemos ter um mercado de vocabulários. Qualquer um pode inventá-los, anunciá-los e vendê-los. Os bons (ou mais vendidos) sobreviverão e prosperarão. Provavelmente, a maioria dos nichos de informação virá a ser dominada por um pequeno número de vocabulários.

Tim Bray, RDF and Metadata (1998)

RDF *Schema* (RDFS): O RDF *Schema* é uma extensão do RDF que adiciona recursos de modelagem ontológica. Ele permite definir classes, propriedades, subclasses e superclasses, além de especificar escopo e domínio de propriedades. Com o RDFS, é possível criar estruturas mais ricas e estabelecer relações semânticas entre os recursos RDF.

As extensões e linguagens mencionadas (XML *Schema*, RDF *Schema*) fornecem recursos adicionais para estruturar e descrever informações de forma mais precisa e semântica. Essas extensões são usadas para modelagem de dados, validação de estrutura, definição de tipos e relações, e facilitam a interoperabilidade e o compartilhamento de dados entre diferentes sistemas e aplicações.

Aqui está um exemplo de um RDF *Schema* que descreve a relação entre professor, aluno e pessoa, com professor e aluno sendo subclasses de pessoa:

```
<Professor,subClassOf,Pessoa>
   <temAluno,range,Pessoa>
   <temAluno,domain,Pessoa>
<?xml version="1.0"?>
<rdf:RDF
xmlns:rdf= http://www.w3.org/1999/02/22-rdf-syntax-ns#
xmlns:rdfs=http://www.w3.org/2000/01/rdf-schema#
xml:base="http://meu.site.org/pessoas">
<rdfs:Class rdf:ID="pessoa"/>
<rdfs:Class rdf:ID="Professor">
   <rdfs:subClassOf rdf:resource="#pessoa"/>
</rdfs:Class>
<rdfs:Class rdf:ID="Aluno">
<rdfs:subClassOf rdf:resource="#pessoa"/>
</rdfs:Class>
</rdf:RDF>
```

Figura 39: Exemplo RDF Schema

Neste exemplo, estamos definindo a classe *"Pessoa"* como uma classe geral que representa indivíduos. Em seguida, definimos a classe *"Professor"* como uma subclasse de *"Pessoa"*, indicando que todo professor é uma pessoa. Da mesma forma, a classe *"Aluno"* também é definida como uma subclasse de *"Pessoa"*, indicando que todo aluno é uma pessoa.

Essas definições permitem estabelecer uma hierarquia de classes, na qual a classe *"Pessoa"* é a classe mais abrangente e as subclasses *"Professor"* e *"Aluno"* são mais específicas. Isso significa que todas as características e propriedades que se aplicam a *"Pessoa"* também se aplicam a *"Professor"* e *"Aluno"*.

OWL

A linguagem OWL (Web Ontology Language) é uma linguagem utilizada para definir e representar ontologias na Web. A OWL oferece um conjunto de construções e regras semânticas para modelar ontologias de maneira estruturada e interoperável. Existem três subtipos da linguagem OWL:

- OWL Lite: É uma sublinguagem da OWL DL que oferece uma expressividade reduzida. O OWL Lite utiliza um conjunto limitado de construções da linguagem OWL, sendo mais simples e menos expressivo que os outros subtipos. É adequado para casos em que se deseja uma representação ontológica mais simples.

- OWL DL: É a sublinguagem principal da OWL, onde "DL" significa *Description Logics* (Lógica de Descrição). O OWL DL oferece expressividade máxima, garantindo completude e decidibilidade computacional. Ele inclui todas as construções da OWL e é baseada em lógica de descrição, permitindo inferências lógicas precisas. É usado quando se requer uma modelagem ontológica completa, com garantias computacionais.

- OWL Full: É uma sublinguagem da OWL que fornece a máxima expressividade, mas não possui garantias computacionais. Ela é usada quando é necessário um alto grau de expressividade e flexibilidade sintática, mas sem a necessidade de garantias de computação.

Dados abertos e conectados

Os dados abertos conectados representam uma categoria específica dentro do universo de dados conectados, distinguindo-se por possuírem conteúdo aberto, acessível e reutilizável sem restrições legais ou técnicas. No contexto brasileiro, o termo "dados abertos conectados" corresponde à tradução oficial da W3C para o conceito internacionalmente conhecido como *Linked Open Data* (LOD).

A definição de dados abertos conectados foi estabelecida por Tim Berners-Lee como uma extensão dos dados conectados (*Linked Data*), enfatizando a necessidade de acesso livre por meio de licenças abertas. Enquanto dados conectados referem-se à estruturação semântica e interligação entre conjuntos de dados distintos, dados abertos conectados adicionam um aspecto fundamental: a garantia de que tais informações podem ser utilizadas e redistribuídas sem barreiras legais.

A ambiguidade na terminologia frequentemente leva a confusões entre os conceitos de dados conectados, dados abertos conectados e dados abertos. No entanto, é importante ressaltar que um dado pode ser aberto, mas não conectado, assim como pode ser conectado, mas não aberto. Dessa forma, a interseção entre abertura e conectividade cria um conjunto de dados particularmente valioso para a construção de ambientes informacionais interligados.

Entre os principais conjuntos de dados abertos conectados, destacam-se a DBpedia e a Wikidata, amplamente utilizadas na construção de aplicações semânticas e sistemas de inteligência artificial. Esse conjunto exemplifica a aplicabilidade dos princípios do *Linked*

Open Data, fornecendo informações estruturadas que podem ser exploradas e enriquecidas por diferentes comunidades e sistemas tecnológicos.

A base da Web moderna sustenta-se sobre padrões fundamentais, como URIs para identificação única, HTTP para acesso universal e HTML para estruturação de conteúdo. Esses elementos formam o cerne da conectividade da Web, permitindo a interligação de informações de forma descentralizada e expansível. Seguindo essa premissa, Berners-Lee consolidou os princípios dos *Linked Data*, estabelecendo diretrizes para a criação e manutenção de um ambiente digital interligado e acessível.

A utilização de dados abertos conectados fortalece a transparência e estimula avanços na pesquisa, inovação e desenvolvimento tecnológico. Ao integrar grandes volumes de dados sob um paradigma de conectividade e abertura, pesquisadores, desenvolvedores e gestores podem criar soluções mais eficientes e acessíveis para diversas áreas do conhecimento.

Os quatro princípios de dados abertos e conectados

Os quatro princípios dos **dados abertos e conectados** (*Linked Data*) propostos por Tim Berners-Lee representam diretrizes fundamentais para a publicação e a interligação de dados na Web de forma a maximizar sua utilidade, interoperabilidade e reutilização. A seguir, explicam-se os princípios:

1. **Use URIs para nomear as coisas**: Cada entidade ou conceito de interesse deve possuir um identificador único e global — uma URI (*Uniform Resource Identifier*). Isso permite que os dados sejam referenciáveis e desambiguados em diferentes contextos, sendo o primeiro passo para tornar a informação acessível e compreensível na Web semântica.

2. **Use URIs HTTP para que as pessoas possam procurar o desejado**: Ao utilizar URIs baseadas em HTTP, é possível acessar essas entidades diretamente pela Web. Isso garante que tanto seres humanos quanto máquinas possam recuperar dados sobre determinado recurso simplesmente acessando seu endereço na internet.

3. **Quando alguém olha para um URI, forneça informações úteis, usando os padrões (RDF, SPARQL)**: O acesso a uma URI deve retornar informações estruturadas sobre o recurso correspondente, preferencialmente utilizando padrões da Web Semântica como RDF (Resource Description Framework) e SPARQL (SPARQL Protocol and RDF Query Language). Isso permite que os dados sejam compreendidos, integrados e processados automaticamente por aplicações diversas.

4. **Incluir links para outros URIs, para que eles possam descobrir e explorar mais as coisas**: Um dos princípios centrais do *Linked Data* é a interconexão. Ao relacionar os próprios dados a outros recursos disponíveis na Web por meio de links (URIs), cria-se uma rede de conhecimento interligado que favorece a navegação semântica, o enriquecimento contextual e a descoberta de novas informações.

Esses princípios formam a base do que se conhece como Web de Dados (Web of Data), promovendo um ecossistema aberto e distribuído onde os dados não apenas coexistem, mas também se complementam e se conectam de forma significativa.

Dados abertos e conectados e ontologias

Sob uma perspectiva semiótica — especialmente inspirada pelas contribuições de Peirce —, compreendemos que a construção de significados está fundada na tríade signo-objeto-interpretante, e que os signos são fundamentais na mediação entre o conhecimento e sua expressão. Nesse contexto, os dados abertos e conectados (ou *linked data*) desempenham um papel essencial na construção de ontologias formais, ao fornecer mecanismos precisos e universalmente acessíveis para a denotação de conceitos, ou seja, para a nomeação inequívoca de entidades e relações no domínio do conhecimento.

Um dos princípios fundamentais do *Linked Data* é o uso de URIs (*Uniform Resource Identifiers*) para nomear os recursos. Do ponto de vista semiótico, uma URI funciona como um signo simbólico: seu valor não está em sua forma material, mas na convenção compartilhada que associa tal identificador a um conceito. Quando essa URI é associada a uma descrição formal usando padrões como RDF (*Resource Description Framework*) e SPARQL, ela passa a carregar não apenas um nome, mas um conjunto de propriedades e relações que a situam num contexto semântico mais amplo — constituindo, assim, um objeto semiótico complexo, que pode ser interpretado de forma consistente por diferentes agentes (humanos e máquinas).

Na construção de ontologias, essa capacidade é crucial: ao utilizar URIs globais e publicamente acessíveis, evita-se a ambiguidade semântica, um dos principais entraves ao intercâmbio de conhecimento entre sistemas distintos. Por exemplo, ao invés de utilizar o termo genérico "autor", que pode ter significados variados conforme o domínio (literatura, software, música), uma ontologia pode referenciar uma URI específica como *http://purl.org/dc/elements/1.1/creator*, remetendo ao conceito claramente definido no vocabulário Dublin Core. Tal prática permite que diferentes agentes compartilhem uma mesma interpretação — o que Peirce descreveria como uma comunidade interpretativa, na qual os signos assumem significados estáveis.

Além disso, os dados conectados viabilizam a interligação entre conceitos ontológicos por meio de relações explícitas, como *owl:sameAs* ou *rdfs:subClassOf*, favorecendo a expansão da rede semântica e o enriquecimento da interpretação dos signos. A navegação entre essas relações permite a construção de estruturas mais complexas de significação, como redes conceituais, taxonomias e inferências ontológicas.

Os princípios dos dados abertos e conectados, ao promoverem a nomeação não ambígua, acessível e contextualizada dos conceitos, oferecem os fundamentos práticos e técnicos para a construção de ontologias robustas. E, do ponto de vista semiótico, isso equivale a dizer que tais práticas fortalecem os processos de significação compartilhada, condição necessária para a interoperabilidade semântica e para a construção colaborativa do conhecimento.

Ontologia, a criação do modelo

A utilização do Protégé para a criação de ontologias justifica-se por sua robustez, aderência a padrões e ampla aceitação na comunidade científica e tecnológica. Trata-se de uma plataforma madura, desenvolvida pela Universidade de Stanford, que oferece um ambiente integrado para a modelagem conceitual formal segundo os princípios da Web Semântica, em especial utilizando a linguagem OWL DL (*Web Ontology Language – Description Logic*), que equilibra expressividade e decidibilidade computacional.

Do ponto de vista metodológico, o Protégé é particularmente valioso por sua interface gráfica intuitiva, que facilita a modelagem mesmo para usuários sem familiaridade com linguagens formais. Isso permite a criação e manipulação direta de classes (conceitos), propriedades (relacionamentos), indivíduos (instâncias) e axiomas (restrições e inferências lógicas), com suporte explícito à verificação de consistência lógica e à inferência semântica por meio de *reasoners* (como HermiT ou Pellet).

Além disso, o Protégé se destaca por sua capacidade de validar ontologias automaticamente, identificando inconsistências e promovendo boas práticas de modelagem. Tal funcionalidade é essencial em contextos acadêmicos e corporativos que demandam precisão semântica e interoperabilidade entre sistemas. A adesão ao padrão OWL DL assegura que as ontologias criadas possam ser integradas a outras bases de conhecimento, ferramentas e serviços semânticos, o que é fundamental para iniciativas que envolvem dados abertos e conectados.

O Protégé é extensível e possui uma ampla comunidade de usuários e desenvolvedores, o que garante documentação rica, suporte contínuo e a possibilidade de integração com outras tecnologias por meio de plugins. Assim, sua utilização é plenamente justificada não apenas por sua funcionalidade, mas por sua centralidade no ecossistema de desenvolvimento de ontologias formais e interoperáveis.

O Protégé também oferece suporte a recursos avançados, como criação de hierarquias de classes, definição de restrições de propriedades e utilização de raciocínio automatizado para inferir novos conhecimentos com base na ontologia definida. Além disso, o Protégé possui recursos de visualização gráfica da ontologia, facilitando a compreensão da estrutura e das relações entre os elementos da ontologia OWL DL. A ferramenta também permite exportar ontologias em formato OWL, tornando-as interoperáveis com outras ferramentas e sistemas que suportam a linguagem OWL. Além disso, o *Protégé* fornece mecanismos de visualização gráfica que facilitam a análise estrutural da ontologia e a comunicação entre membros de equipes multidisciplinares.

Há muito material sobre a construção de ontologias nesta plataforma, em particular um manual para a versão 5.2 (Miroir, 2018). O grupo que criou a plataforma Protégé

(Musen, 2015) para a modelagem de ontologias publicou um guia (Noy, et al., 2001) com uma série de etapas que podem ser seguidas para a construção de uma ontologia. Neste capítulo vamos estudar cada uma destas etapas. Para determinar o domínio e o escopo de uma ontologia, precisamos considerar as seguintes questões:

Qual é o domínio que a ontologia cobrirá?

O domínio refere-se à área de assunto específica ou campo de conhecimento que a ontologia abordará. Pode ser qualquer coisa, desde um domínio amplo como "medicina" ou "finanças" até um domínio mais específico como "anatomia humana" ou "avaliação de risco de crédito".

- Para que vamos usar a ontologia? O propósito da ontologia define sua aplicação ou uso pretendido. Por exemplo, pode ser usado para recuperação de informações, representação de conhecimento, suporte à decisão, pesquisa semântica, integração de dados ou como base para a construção de sistemas inteligentes.

- Para quais tipos de perguntas as informações na ontologia devem fornecer respostas? Identificar os tipos de questões que a ontologia deve ser capaz de responder ajuda a determinar o escopo da informação que ela precisa representar. Por exemplo, se a ontologia estiver no domínio da medicina, pode ser necessário responder a perguntas sobre sintomas, diagnósticos, tratamentos e interações entre drogas.

- Quem usará e manterá a ontologia? Compreender os usuários pretendidos e mantenedores da ontologia ajuda a moldar seu design e acessibilidade. Os usuários podem ser especialistas de domínio, pesquisadores, desenvolvedores de software ou usuários finais que interagem com aplicativos que utilizam a ontologia. Os mantenedores são responsáveis por atualizar e expandir a ontologia ao longo do tempo.

Uma das maneiras de determinar o escopo da ontologia é esboçar uma lista de questões que uma base de conhecimento baseada na ontologia deve ser capaz de responder. Aqui está um exemplo de um conjunto de questões de competência que podem ajudar a determinar o escopo e as informações necessárias de uma ontologia:

No domínio da medicina:

- Quais são os sintomas associados a uma condição médica específica?
- Quais são os tratamentos recomendados para uma determinada doença?
- Quais são as contraindicações ou possíveis efeitos colaterais de um medicamento?

- Quais procedimentos médicos são comumente realizados para um diagnóstico específico?

- Quais são os fatores de risco para desenvolver uma determinada doença?

No domínio das finanças:

- Quais são os diferentes tipos de veículos de investimento disponíveis?

- Quais são os fatores que afetam a avaliação de uma ação?

- Como a flutuação da taxa de juros afeta as taxas de hipoteca?

- Quais são as implicações fiscais de uma determinada transação financeira?

- Quais são os regulamentos que regem a negociação de valores mobiliários?

No domínio da geografia:

- Quais são as capitais de diferentes países?

- Quais são as principais cadeias de montanhas em uma região específica?

- Quais países fazem parte de um determinado acordo comercial?

- Quais são as características geográficas de um parque nacional específico?

- Quais são os fusos horários em diferentes partes do mundo?

No domínio da informática:

- Quais são as diferentes linguagens de programação e seus principais recursos?

- Como você implementa um algoritmo específico?

- Quais são os princípios de design da programação orientada a objetos?

- Quais são as estruturas de dados comuns e suas operações?

- Quais são as melhores práticas para teste de software?

Essas questões de competência representam um ponto de partida para determinar o escopo da ontologia. Ao examinar se a ontologia pode fornecer respostas para esses tipos de perguntas, fica claro quais áreas do conhecimento precisam ser abordadas e qual nível de detalhamento é necessário. É importante observar que a lista de questões de competência pode ser expandida ou adaptada de acordo com o domínio específico e propósito da ontologia.

Ao responder a essas perguntas, o domínio e o escopo da ontologia podem ser estabelecidos, fornecendo uma base para seu design e desenvolvimento. É importante observar que essas respostas podem evoluir durante o processo de design da ontologia à medida que novos insights são obtidos e os requisitos mudam.

Responder a uma pergunta utilizando o Protégé e uma máquina de inferência envolve uma articulação entre modelagem ontológica e raciocínio automático baseado na lógica descritiva. No âmbito da *Web Ontology Language* (OWL), perguntas são interpretadas como consultas semânticas, cuja resposta não se obtém por meio de uma busca textual direta, mas sim pela identificação de indivíduos que satisfazem determinadas condições lógicas previamente modeladas na ontologia.

O processo inicia-se com a definição de uma nova classe que formaliza os critérios contidos na pergunta. Essa classe é descrita logicamente por meio de operadores lógicos, como interseção de conceitos e restrições sobre propriedades de objeto ou de dado. Assim, a pergunta é transformada em uma classe definida, cujo significado é determinado pela composição de conceitos e relações expressos na linguagem OWL.

Uma vez modelada a classe correspondente à pergunta, o próximo passo é ativar uma máquina de inferência no Protégé, como HermiT ou Pellet. Essa máquina realiza um processo de inferência automática que classifica instâncias nas classes apropriadas com base nas definições e axiomas da ontologia. O mecanismo de inferência verifica, de maneira sistemática, se os indivíduos existentes na ontologia satisfazem os critérios especificados na definição da nova classe.

Se a ontologia estiver corretamente construída e semanticamente consistente, o *reasoner* classificará os indivíduos de modo a incluir nas classes definidas aqueles que, mesmo sem declaração explícita, satisfazem logicamente os seus critérios. Assim, a resposta à pergunta é obtida por meio da identificação dos indivíduos que o *reasoner* aloca à classe criada, de acordo com as regras de inferência da lógica descritiva.

Por fim, o Protégé permite visualizar esses resultados por meio da navegação pelas classes e seus membros inferidos. A resposta emerge, portanto, como um produto da inferência: o conjunto de instâncias que pertencem, por consequência lógica, à classe definida que representa a pergunta formulada. Trata-se de um processo rigoroso, em que a modelagem conceitual e a inferência semântica operam conjuntamente para produzir conhecimento a partir da estrutura da própria ontologia.

Considere reutilizar ontologias existentes

Ao trabalhar em um domínio ou tarefa específica, muitas vezes é benéfico considerar o que os outros já fizeram nesse campo. Ao revisar as fontes existentes, como ontologias e vocabulários controlados, é possível alavancar o conhecimento e os esforços de outros para refinar e ampliar nosso próprio trabalho.

Uma razão importante para reutilizar ontologias existentes é a necessidade de interoperabilidade. Caso o sistema precise interagir com outras aplicações ou sistemas que já adotam ontologias específicas ou vocabulários controlados, torna-se necessário alinhar nosso trabalho a esses padrões. A reutilização de ontologias estabelecidas garante que o sistema possa se comunicar efetivamente com outros aplicativos e aproveitar o ecossistema existente.

Felizmente, muitas ontologias já estão disponíveis em formato eletrônico, que podem ser importadas para o ambiente de desenvolvimento de ontologias que estamos utilizando. Isso economiza tempo e esforço, pois é possível construir sobre os alicerces lançados por outros, em vez de começar do zero. Além disso, o formalismo no qual uma ontologia é expressa muitas vezes não é um fator limitante. A maioria dos sistemas de representação do conhecimento tem a capacidade de importar e exportar ontologias em vários formatos. Essa flexibilidade nos permite trabalhar com ontologias expressas em diferentes formalismos sem grandes dificuldades.

Nos casos em que um sistema de representação de conhecimento não pode trabalhar diretamente com um formalismo particular, a tradução de uma ontologia de um formalismo para outro geralmente é uma tarefa gerenciável. Existem ferramentas e métodos disponíveis para converter ontologias entre diferentes formalismos, o que nos permite preencher a lacuna e fazer uso dos recursos existentes, mesmo que os requisitos técnicos sejam diferentes.

No geral, considerar e construir sobre ontologias e fontes existentes pode beneficiar significativamente o trabalho, alavancando o conhecimento e os esforços de outros, garantindo a interoperabilidade e economizando tempo e esforço no desenvolvimento da ontologia.

Enumerar termos importantes na ontologia

Ao escrever uma lista de termos sobre os quais gostaríamos de fazer declarações ou explicar a um usuário, é importante considerar o domínio ou contexto específico de nosso sistema. Os termos e propriedades variam dependendo do assunto. No entanto, aqui estão algumas considerações gerais para ajudá-lo a começar:

- **Conceitos Chave**: Identifique os principais conceitos ou entidades que são relevantes para o seu sistema ou domínio. Podem ser objetos, ideias abstratas, processos ou qualquer outro elemento que desempenhe um papel significativo em sua tarefa. Por exemplo, se você estiver construindo um sistema para uma plataforma de compras, termos como *"produto"*, *"cliente"*, *"pedido"* e *"pagamento"* provavelmente serão importantes.

- **Atributos ou Propriedades**: Determine os atributos ou propriedades relevantes associadas a cada conceito. Estes descrevem as características ou qualidades dos conceitos. Por exemplo, se considerarmos o conceito de *"produto"*, as propriedades podem incluir *"nome"*, *"preço"*, *"descrição"*, *"marca"* e *"disponibilidade"*.

- **Relacionamentos**: Considere os relacionamentos ou conexões entre os conceitos. Isso envolve entender como as diferentes entidades interagem ou se relacionam umas com as outras. Os relacionamentos podem ser hierárquicos, associativos ou mesmo complexos. Por exemplo, em um contexto de rede social, relacionamentos como *"amizade"*, *"seguir"* e *"curtir"* seriam importantes.

- **Ações ou Eventos**: Identifique quaisquer ações ou eventos que possam ocorrer dentro do sistema ou afetar os conceitos. Podem ser processos, comportamentos ou mudanças de estado. Por exemplo, em um sistema de gerenciamento de projetos, termos como *"criar tarefa"*, *"atribuir ao usuário"* e *"atualizar status"* seriam relevantes.

- **Restrições ou regras**: considere quaisquer restrições ou regras que regem o comportamento ou as propriedades dos conceitos. Isso pode incluir regras lógicas ou de negócios que definem os limites ou condições para determinadas operações. Por exemplo, em um sistema de agendamento, as restrições podem incluir *"conflitos de tempo"*, *"limitações de recursos"* ou *"capacidade máxima"*.

Ao listar e definir sistematicamente esses termos, suas propriedades, relacionamentos, ações e restrições, podemos criar uma base para comunicação clara e representação do conhecimento em nosso sistema.

Definir as classes e a hierarquia de classes

As três abordagens comuns no desenvolvimento de uma hierarquia de classes são: *top-down*, *bottom-up* e combinação. Cada abordagem tem suas próprias vantagens e considerações.

Processo de desenvolvimento de cima para baixo (*top-down)*: essa abordagem começa com a definição dos conceitos ou classes mais gerais no domínio e, gradualmente, especializando-os em classes mais específicas. Ele começa com uma visão geral de alto nível e progressivamente adiciona mais detalhes. Os benefícios dessa abordagem incluem uma compreensão clara da estrutura geral e a capacidade de projetar uma hierarquia abrangente. No entanto, pode ser um desafio antecipar todas as classes específicas e seus relacionamentos no início.

Processo de desenvolvimento de baixo para cima (*bottom-up)*: ao contrário da abordagem de cima para baixo, o processo de baixo para cima começa com a definição das classes mais específicas ou nós de folha na hierarquia. Essas classes são então agrupadas para criar conceitos mais gerais. Essa abordagem permite um foco em detalhes específicos e necessidades imediatas. Pode ser eficaz quando as classes específicas são bem compreendidas e claramente definidas. No entanto, pode resultar em uma estrutura geral menos coesa se o agrupamento não for gerenciado com cuidado.

Processo de desenvolvimento de combinação: a abordagem de combinação é uma mistura de métodos de cima para baixo e de baixo para cima. Envolve definir primeiro os conceitos mais proeminentes ou significativos e depois generalizá-los e especializá-los conforme necessário. Essa abordagem permite um equilíbrio entre a visão geral de alto nível e os detalhes específicos. Pode ser benéfico em termos de flexibilidade e adaptabilidade durante o processo de design. Ele oferece a vantagem de incorporar conhecimento de domínio enquanto mantém a capacidade de refinar a hierarquia com base em requisitos específicos.

Em última análise, a escolha do processo de desenvolvimento depende de vários fatores, como a complexidade do domínio, o nível de entendimento, as informações disponíveis e os objetivos específicos do projeto. Muitas vezes é benéfico combinar abordagens diferentes ou refinar iterativamente a hierarquia de classes à medida que a compreensão do domínio evolui.

Definir as propriedades das classes *"slots"*

Nessa abordagem, as classes são representadas como *frames*, que são estruturas que contêm *slots* para armazenamento de propriedades e valores.

Para desenvolver a estrutura interna dos conceitos, é necessário identificar as propriedades associadas a cada classe. Já foram selecionadas algumas classes da lista de termos criados. Agora, é necessário atribuir propriedades a essas classes. Cada propriedade da lista corresponde a um atributo ou característica específica da classe.

Por exemplo, digamos que exista uma classe chamada *"Carro"*. Algumas propriedades possíveis dessa classe podem ser *"Cor"*, *"Fabricante"*, *"Modelo"* e *"Ano"*. Essas propriedades descrevem diferentes aspectos de um carro e se tornam slots anexados ao *frame* da classe *"Carro"*. Cada *slot* terá um valor associado a ele, que representa o valor específico dessa propriedade no contexto de um objeto de carro individual.

Ao determinar qual classe cada propriedade descreve e anexá-las como slots aos respectivos quadros de classe está sendo definida a estrutura interna dos conceitos em sua hierarquia de classes. Esse processo permite capturar os atributos e características relevantes para cada classe e estabelecer relacionamentos entre classes com base em propriedades compartilhadas.

É importante lembrar que os relacionamentos entre as classes e as propriedades podem ser herdadas ou especializadas dentro da hierarquia. Isso ajudará a garantir que a estrutura interna dos conceitos esteja alinhada com a organização pretendida e o comportamento das classes em seu modelo.

Defina as facetas dos *slots*

Vamos nos aprofundar nas diferentes facetas que podem ser associadas aos slots com mais detalhes.

Cardinalidade do *slot*, a cardinalidade do *slot* determina o número de valores que um *slot* pode ter. Normalmente existem duas categorias principais:

- Cardinalidade única: permite no máximo um valor para o slot.

- Cardinalidade múltipla: permite qualquer número de valores para o slot.

Para fornecer especificações de cardinalidade mais precisas, é possível definir a cardinalidade mínima e máxima. Por exemplo, um *slot* com cardinalidade mínima de 1 significa que deve ter pelo menos um valor, enquanto uma cardinalidade máxima de 5 significa que pode ter até cinco valores.

Faceta de tipo de valor descreve o tipo de valores que podem preencher um *slot*, aqui estão alguns tipos de valor comuns:

- *String*: Usado para slots que armazenam valores textuais simples, como nomes ou descrições.

- *Number*: Usado para slots que armazenam valores numéricos. Ele pode ser especificado como *"Float"* (para números de ponto flutuante) ou *"Integer"* (para números inteiros).

- *Boolean*: Usado para slots que representam sinalizadores binários, como *"true"* ou *"false"*. Indica uma condição sim-não.

- Enumerado: especifica uma lista de valores permitidos para o *slot*. Somente valores dessa lista predefinida são permitidos.

- Instância: Permite a definição de relacionamentos entre indivíduos. Slots com o tipo de valor *"Instance"* também devem especificar uma lista de classes permitidas das quais as instâncias podem vir. Isso permite vincular uma instância a outra como uma propriedade.

Essas facetas fornecem informações adicionais sobre as características do *slot*, como o tipo de valores que ele pode conter, o número de valores que ele pode ter e quaisquer restrições nos valores permitidos. Ao definir essas facetas para cada slot em seus quadros de classe, são capturadas informações mais detalhadas sobre os atributos e relacionamentos dentro da hierarquia de classe. Isso facilita uma melhor representação e manipulação de dados dentro do modelo.

Crie instâncias

Depois de definida a hierarquia de classe e *slots* associados com suas respectivas classes, a próxima etapa é criar instâncias individuais dessas classes. Essa etapa envolve a escolha de uma classe, a criação de uma instância individual dessa classe e o preenchimento dos valores de slot dessa instância.

Inicialmente é selecionada a classe apropriada da hierarquia que melhor representa a entidade ou conceito do mundo real que se deseja modelar. Por exemplo, em uma hierarquia de classes relacionada a automóveis, poderá escolher a classe *"Carro"* para representar uma instância de carro específica.

Depois de escolher a classe, deve ser criada uma nova instância individual dessa classe. Essa instância individual representa uma ocorrência ou objeto específico no mundo real. É uma instanciação da classe que você selecionou. Por exemplo, se você escolher a classe "*Carro*", criará uma nova instância de carro.

Depois de criar a instância individual, deve-se preencher os valores de *slot* associados a essa instância. Cada *slot* corresponde a um atributo ou propriedade específica da instância. Você fornece valores para esses slots com base nas características ou propriedades da entidade do mundo real que está modelando. Por exemplo, se você tiver slots como "*Cor*", "*Fabricante*" e "*Modelo*" associados à classe "*Carro*", atribuiria valores específicos a esses slots para a instância de carro criada, como "*Cinza*", "*Hyundai*" e "*HB20*".

Esse processo de criar instâncias individuais e atribuir valores a seus slots permite sejam representados e capturados dados específicos sobre entidades do mundo real no sistema modelado. Isso permite alinhar o modelo com o mundo real e validar sua correção e relevância.

Ao validar o alinhamento do modelo com o mundo real por meio da criação de instância e atribuição de valor de *slots*, é possível garantir que o modelo reflita com precisão as entidades, atributos e relacionamentos que devem ser capturados. Esta etapa desempenha um papel crucial na verificação da fidelidade do modelo e sua capacidade de representar cenários do mundo real de forma eficaz.

Boas práticas

O processo de Desenvolvimento de Ontologia Normalizada[26] envolve várias etapas para estabelecer uma representação estruturada e padronizada do conhecimento. Aqui está uma descrição de cada etapa:

- Identifique as primitivas autônomas: Nesta etapa, você identifica os blocos de construção básicos ou conceitos fundamentais que são independentes e não dependem de nenhum outro conceito. Essas primitivas representam os elementos centrais de sua ontologia. Comente quaisquer conceitos que possam não ser imediatamente óbvios como autônomos.

- Separe as primitivas em árvores: uma vez identificadas as primitivas autônomas, elas podem ser organizadas em estruturas hierárquicas chamadas árvores. Cada árvore representa um ramo ou categoria específica dentro da ontologia.

- As primitivas autônomas correspondem às entidades, verifique, para cada representação, as dependências funcionais das propriedades e utilize as

---

[26] O objetivo de normalizar a ontologia é estabelecer uma representação consistente e comparável, permitindo uma integração mais fácil com outras ontologias, interoperabilidade entre sistemas e processamento automatizado de conhecimento.

regras de normalização, estudadas no modelo relacional, para garantir que cada entidade é independente.

- Identifique as relações: Em seguida, você determina as relações entre os diferentes conceitos dentro da ontologia. As relações descrevem como os conceitos estão conectados ou interagem uns com os outros. Comente sobre quaisquer relações que possam não ser evidentes ou que requeiram esclarecimentos.

- Crie descrições e definições: Para cada conceito na ontologia, você fornece descrições e definições que esclarecem seu significado e propósito. As descrições devem ser concisas e transmitir as características ou atributos essenciais de cada conceito.

- Forneça paráfrases: junto com as descrições, você fornece paráfrases para cada conceito. Paráfrases são formas alternativas de expressar o mesmo conceito usando diferentes palavras ou frases. Eles ajudam a garantir um entendimento mais abrangente e facilitam a comunicação.

- Identifique como os itens-chave devem ser classificados: Determine a classificação ou categorização apropriada para os itens-chave na ontologia. Esta etapa envolve a atribuição de conceitos a ramos ou categorias específicas com base em suas características e relacionamentos com outros conceitos.

- Definir testes de regressão[27]: Os testes de regressão são um conjunto de testes projetados para garantir que a ontologia funcione corretamente e mantenha sua integridade quando as alterações são feitas. Defina os testes específicos que serão usados para validar a ontologia e garantir sua consistência e precisão.

- Use um classificador para formar um gráfico acíclico direcionado (DAG): um classificador é empregado para estabelecer um gráfico acíclico direcionado, que é uma estrutura semelhante a um gráfico em que os conceitos são representados como nós e os relacionamentos como arestas. O DAG captura os relacionamentos hierárquicos e as dependências entre os conceitos.

- Verifique se os testes foram satisfeitos: Finalmente, você valida a ontologia verificando se os testes de regressão definidos anteriormente foram satisfeitos. Isso envolve verificar se a ontologia se comporta conforme o

---

[27] O teste de regressão é uma técnica do teste de software que consiste na aplicação de versões mais recentes do software, para garantir que não surgiram novos defeitos em componentes já analisados. Se, ao juntar o novo componente ou as suas alterações com os componentes restantes do sistema surgirem novos defeitos em componentes inalterados, então considera-se que o sistema regrediu (Wikipédia).

esperado, mantém a consistência e representa com precisão o conhecimento do domínio.

É importante observar que o processo de Desenvolvimento de Ontologia Normalizada pode variar dependendo dos requisitos específicos, domínio ou metodologia que está sendo utilizada. As etapas descritas aqui fornecem uma estrutura geral para o desenvolvimento de uma ontologia normalizada.

Índice remissivo

Bibliografia

A Semiotic Approach to Conceptual Modelling. **Furtado, Antonio L., Casanova, Marco A. and Barbosa, Simone D. J. 2014.** Atlanta, USA : Springer International Publishing, 2014. Conceptual Modeling: 33rd International Conference, ER 2014. pp. 1-12.

American Psycological Association. APA Dictionary of Psychology. [Online] [Cited: 16 03 2023.] https://dictionary.apa.org/cognitive-process.

Antoni, Olivé. 2007. *Conceptual Modeling of Information Systems - ISBN 978-3-540-39389-4.* 1. Berlin, Heidelberg : Springer-Verlag, 2007. p. 455.

Ausubel, David. 1963. Cognitive structure and the facilitation of meaningful verbal learning. *Journal of teacher education.* 1963, Vol. 14, 2, pp. 217-222.

Baldwin, Adele . 2014. Putting the philosophy into PhD. *Working Papers in the Health Sciences, ISSN 2051-6266/20150063.* 2014.

Barron, Terence M., Chiang, Roger H. L. and Storey, Veda C. 1999. A semiotics framework for information systems classification and development. *Decision Support Systems.* 1999, pp. 1-17.

Batini, Carlo, Lenzerini , Maurizio and Navathe, Shamkant . 1986. A Comparative Analysis of Methodologies for Database Schema Integration. *ACM Computing Surveys.* Dez. 1986, Vol. 18, 4, pp. 332-364.

Bechhofer, S., Van Harmelen, F., Hendler, J., Horrocks, I., McGuinness, D. L., Patel-Schneider, P. F., & Stein, L. A. 2004. OWL web ontology language reference. 2 *W3C recommendation.* 2004. Vol. 10, pp. 1 -53.

Bosh, Gundula. 2018. Train PhD students to be thinkers not just specialists. *Nature.* 14 Feb. 2018, Vol. 554, p. 277.

Brey, Philip. 2022. Research Ethics Guidelines for the Engineering Sciences and Computer and Information Sciences. [book auth.] Laas, K., Davis, M and Hildt, E. *Codes of Ethics and Ethical Guidelines. The International Library of Ethics, Law and Technology.* s.l. : Springer, 2022, pp. 15-34.

Buckingham, Will . 2010. *O Livro da Filosofia.* [trans.] Douglas Kim . 1ª. s.l. : Globo Livros, 2010. p. 352. ISBN-10 : 8525049867.

Chandler, Daniel. 2022. *Semiotics: The Basics.* 4ª. s.l. : Routledge, 2022. p. 384. ISBN 036772653X.

Chen, Chen Pin-Shan. 1976. The Entity-Relationship Model - Toward a Unified View of Data. *ACM Transaction on Database Sysatems.* Março 1976, Vol. 1, 1, pp. 9-36.

Codd, Edgar Frank. 1970. A Relational Model of Data for Shared Data Banks. *Communications of the ACM.* June 1970, Vol. 13, 6, pp. 377-387.

Codd, Edgard Frank. 1979. Extending the Relational Model to Capture More Meaning. *ACM Transaction on Database Systems.* Dezembro 1979, Vol. 4, 4, pp. 397-434.

Conceptual modeling: enhancement through semiotics. **Storey, Veda C. and Thalheim, Bernhard . 2017.** Valencia, ES : Springer International Publishing, 2017. Conceptual Modeling: 36th International Conference, ER 2017. pp. 182-190. ISBN 978-3-319-69903-5.

Data Semantics. **Abrial, J.-R. 1974.** [ed.] Klimbie and Koffeman. Cargese, Córsega : North Holand, 1974. IFIP TC2 Working Conference on DAtaBase Management.

DeMarco, Tom. 1978. *Structured Analysis and SystemSpecification.* Yourdon Press : s.n., 1978. p. 366. ISBN-13 978-0917072079.

Firestone, C. and Scholl, B. J. 2016. Cognition does not affect perception: Evaluating the evidence for "top-down" effects. *Behavioural and Brain Sciences.* s.l. : Cambridge University Press, 2016, Vol. 39, pp. 1-77.

Formal Concept Analysis to Learn from the Sisyphus-III Material. **Erdmann, Michael . 1998.** Banff, Alberta, Canadá : s.n., 1998. Proceedings of KAW'98.

Fuchs, Norbert E, Schwertel, Uda and Schwitter, Rolf. 1999. Attempto controlled english-not just another logic specification language. *Lecture Notes in Computer Science.* 1999, Vol. 1559, pp. 1--20.

Ganter, Bernard and Wille, Rudolf. 1996. *Formale Begriffsanalyse, Matematische Grundlagen.* Berlin : Springer, 1996.

Gilbreth, Frank B. Gilbreth, Lillian Moller. 1921. Process charts: First steps in finding the one best way to do work. *Journal of Fluids Engineering.* 1921, Vol. 43, pp. 1029 -1043.

Gizzardi, Giancarlo, et al. 2022. UFO: Unified Foundational Ontology. *Applied Ontology.* 17, 2022, 1, pp. 167-210.

Goldstein, Ira and Papert, Seymour. 1977. Artificial intelligence, language, and the study of knowledge. *Cognitive Science,.* Jan. 1977, Vol. 1, 1, pp. 84-123.

Hoare, Tony. 1989. *Communicating Sequential Processes.* s.l. : Prentice Hall Inc., 1989. p. 426. ISBN 978-0-13-284027-9.

Insights for AI from the human mind. **Marcus, Gary and Davis, Ernest. 2021.** s.l. : ACM - Association for Computing Machinery, Jan. 2021, Commun. ACM, Vol. 64, pp. 38–41.

Johns Hopkins Bloomberg School of Public Health . 2018. Johns Hopkins Bloomberg School of Public Health . [Online] 01 2018. [Cited: 02 06 2022.] https://publichealth.jhu.edu/2018/perspective-lets-put-the-ph-back-in-science-phd-programs.

Kuhn, Thomas. 2020. *A estrutura das revoluções científicas.* s.l. : Editora Perspectiva S.A., 2020. p. 260. ISBN-13 978-8527301114.

Lalande, A. 1993. *Vocabulário Técnico e Crítico de Filosofia.* [trans.] Fátima Sá Correira and et al. São Paulo : Martins Fontes, 1993. p. 1336.

Lassila, Ora, Hendler, J and Berners-Lee, Tim. 2001. The semantic web. *Scientific american.* 284, 2001, 5, pp. 34-43.

Layton, Robert. 2006. Structuralism and semiotics. *Handbook of material culture.* s.l. : Sage, 2006, pp. 29-42.

Leibniz, G. W. 1981. *New essays on human understanding.* [trans.] Peter Remnant and Jonathan Bennett. s.l. : Cambridge University Press, 1981. p. 504. ISBN-13 978-0521231473.

McCrum, Robert . 2010. *GLOBISH: How the English Language Became the World's Language.* 1ª. New York : W.W. Norton & Company, Inc., 2010. p. 320. ISBN 978-0-393-06255-7.

McGee, W. C. 1977. The information management system. IMS/VM Part I: General structure and operation. *IBM System Journal.* 1977, 2, pp. 83--95.

Mill, John Stuart. 2019 {1859}. *Sobre a Liberdade.* [trans.] Denise Bottmann. Porto Alegre : LPM, 2019 {1859}. p. 176. Vol. 1217. ISBN 978-85-254-3419-7.

Miroir, Jean-Claude. 2018. *Guia prático de construção de ontologias - Protégé v. 5.2.* Department of Foreign Languages and Translation. Brasília : UNB, 2018.

Musen, Mark A. 2015. The Protégé project: A look back and a look forward. *AI Matters.* June 2015, Vol. 1, 4, pp. 4-12.

Nöth, Winfried and Santaella, Lucia. 2021. *Introdução à semiótica: passo a passo para compreender os signos e a significação.* 1ª. São Paulo : Paulus, 2021. p. 365. ISBN 978-65-5562-360-4.

Novak, Joseph D. 1971. Interpretation of Research Findings in Terms of Ausubel's Theory and Implications for Science Education. *Science Education.* 1971, Vol. 55, 4, pp. 483-526.

Noy, Natalya F. and McGuinness, Deborah L. 2001. *Ontology development 101: A guide to creating your first ontology.* Stanford knowledge systems laboratory. 2001. p. 25, technical report KSL-01-05.

Ogden, C. K. and Richards, I. A. 1923. *The Meaning off Meaning: A study of the influence of thought and of the science of symbolism.* s.l. : Harcourt, Brace & World, Inc., 1923.

Pinto Ribeiro, Cora Helena Francisconi. 1995. Banco de dados Heterogêneos: Mapeamento dos Esquemas Conceituais em um Modelo Orientado a Objetos. Porto Alegre : PPGC UFRGS, 1995.

Platão. 2021. *A República; Edição comentada por Benjamin Jowett.* [trans.] Fábio Meneses Santos. 1ª. Jandira : Ciranda Cultural Editora e Distribuidora Ltda., 2021. p. 640. ISBN 978-65-5552-414-7.

—. **2023.** *O Banquete.* [trans.] Donaldo Schüler. Porto Alegre : L&PM, 2023. p. 176. ISBN 978-85-254-1788-6.

Popper, Karl R. 1934. *A Lógica da Pesquisa Científica.* [trans.] Leonidas Hegenberg and Octanny Silveira da Mota. 9 - 1972. São Paulo : Editora Cultrix, 1934. p. 567.

Probabilistic Ontology Reasoning in Ambient Assistance: Predicting Human Actions. **Machado Lunardi, Gabriel , et al. 2018.** Krakow, Poland : IEEE Computer Society, 2018. proceedings of the 32nd IEEE International Conference on Advanced Information Networking and Applications, {AINA}. pp. 593--600.

Problem complexity. **Jackson, Michael. 1997.** Como, Italia : IEEE, 1997. Third IEEE International Conference on Engineering of Complex Computer Systems. pp. 239-248.

Prodanov, Cleber Cristiano and de Freitas, Ernani Cesar . 2013. *Metodologia do trabalho científico: Métodos e Técnicas da Pesquisa e do Trabalho Acadêmico.* 2ª. s.l. : Editora Feevale, RS, Brasil, 2013. p. 277. ISBN 978-85-7717-158-3.

Reddy, M. P. and al. 1994. A Methodology for Integration of Heterogeneous Databases. *IEE Transactions on Knowledge and Data Engeneering.* Dez. 1994, Vol. 6, 6, pp. 920-933.

Reid, John. *The new features of Fortran 2023.*

Russel, Bertrand. Dúvidas Filosóficas. *Fundamentos de Filosofia.* Rio de Janeiro : Zahar, pp. 7-20.

Santos, Ricardo. 2016. *Categorias, Da Interpretação (Aristóteles, Obras Completas).* Lisboa : Imprensa Nacional - Casa da Moeda, 2016. https://cful.letras.ulisboa.pt/hphil/wp-content/uploads/sites/2/2020/09/PT-Categorias.pdf.

Saussure, Ferdinand de. 1974 . *Course in General Linguistics.* [trans.] Wade Baskin. London : Fontana/Collins, 1974 .

Schopenhauer, Arthur. 2011. *A Arte de Escrever.* [trans.] Pedro Süssekind. 1ª. s.l. : L&PM, 2011. p. 167. Vol. 479. ISBN 978-85-254-1464-9.

—. **2017.** *O mundo como vontade e representação.* 1ª. s.l. : Contraponto, 2017. p. 432. Vol. 1. ISBN-13 978-8585910419.

Shaw, Ryan. 2023. Conceptual modeling as language design. *Journal of the Association for Information Science and Technology.* 2023.

Sterneckert, Alan B. 2003. *Critical incident management.* New York : Auerbach Publications, 2003. p. 552. ISBN 9780429120794.

Taylor, Robert W. and Frank, Randall L. 1976. CODASYL Data-Base Management Systems. *Computing Surveys.* 03 1976, pp. 67-103.

The Object-Oriented Database System Manifesto. **Atkinson, Malcolm , et al. 1990.** Kyoto, Japan : Elsevier B.V. , 1990. Proceedings of the First International Conference on Deductive and Object–Oriented Databases (DOOD89). pp. 223-240.

Treiblmaier, Horst. 2018. The Philosopher's Corner: Paul Feyerabend and the Art of Epistemological Anarchy — A Discussion of the Basic Tenets of Against Method and an Assessment of Their Potential Usefulness for the Information Systems Field. *ACM SIGMIS Database: the DATABASE for Advances in Information Systems.* Maio 2018, Vol. 49, 2, pp. 93-101.

Tsichritzis, Dennis and Klug, Anthony . 1978. The ANSI/X3/SPARC DBMS framework report of the study group on database management systems. *Information Systems.* 1978, Vol. 3, 3, pp. 173 -191.

Vallor, Shannon, [ed.]. 2022. *The Oxford Handbook of Philosophy of Technology.* New York : Oxford University Press, 2022. p. 675. ISBN 978-0-19-085120-0.

Verdonck, Michaël , et al. 2019. Comparing traditional conceptual modeling with ontology-driven conceptual modeling: An empirical study. *Information Systems.* 2019, Vol. 81, pp. 92-103.

Wikipédia. Experiência da gota de óleo. [Online] https://pt.wikipedia.org/wiki/Experi%C3%AAncia_da_gota_de_%C3%B3leo.

—. Fluxograma. [Online] https://pt.wikipedia.org/wiki/Fluxograma.

—. Modelo Conceitual. [Online] https://pt.wikipedia.org/wiki/Modelagem_conceitual.

—. O método científico. [Online] https://pt.wikipedia.org/wiki/Método_científico.

www.ingramcontent.com/pod-product-compliance
Lightning Source LLC
LaVergne TN
LVHW081527050326
832903LV00025B/1655